JN321417

人材紹介のプロと精神科医が答える

産業医と発達障害の人のキャリア&ライフBOOK

石井京子・池嶋貫二・林哲也・水谷美佳 著

弘文堂

はじめに

　著者はこれまで、大学生から 40 代、50 代の方まで幅広い年齢層の発達障害のある人の就職・転職・就業相談を受けてきました。その多くはご本人も家族も周囲も「発達障害」にはまったく気がつかないまま成人し、学生の場合は就職活動を始めてから、あるいは一般就労で働き始めてから自分の苦手さに気づき、職場での不適応や違和感を持たれた方々です。うつ症状などの二次障害で医療機関を受診したことをきっかけに、後に発達障害と診断された方も少なくありません。

　企業で一般就労をしている方が何らかの問題に遭遇し、不安やストレスを抱え、体調が悪化してしまうと会社を休まざるをえなくなります。うつ病等による通院をしながら勤務している方もいれば、休職を余儀なくされる方もいるでしょう。職場復帰には主治医とのやりとりや、企業によっては産業医との面談も発生します。本書では二次障害の問題と発達障害の診断に関する基本的な質問について、Q＆A形式で専門医がわかりやすく回答しています（第 2 章・第 3 章）。また、休職からの復帰には、リワークのプログラム受講が義務付けられることがあります。第 4 章では復職支援施設の PSW の方が、現場で行われている実際のプログラムを紹介し、リワークについて解説しています。

　2013 年 5 月に米国精神医学会作成の国際的診断基準「精神障害の診断と統計マニュアル 第 5 版（DSM-5）」が出版されました。DSM-5 では自閉症に関わる診断基準が大きく変化しました。レット障害以外の自閉症、小児期崩壊性障害、アスペルガー症候群、特定不能の広汎性発達障害の 4 つすべてを自閉症スペクトラムという連続体として考えるように

なりました。発達障害の個々の状況はさまざまで、本書では極力 DSM-5 に準じた表記を心がけていますが、当事者それぞれの事例については診断当時の表記で著しました。本シリーズでは、発達障害についての専門的な知識を持たない方が読んでわかりやすいように、極力専門用語を使用せず、Q＆A方式や事例でのご紹介を心がけています（第1章～第4章、第6章）。当事者のみならず、職場の方々や関係者の方々にとっても理解しやすい具体的な事例から、発達障害のある人の特徴と行動を知ってもらい、理解と支援につなげていただくことを目指しています。

　また、大人の発達障害の診断が難しいことからも就労中の当事者への支援の一助として、医療や福祉の分野の方々にもぜひ読んでいただきたいと思っています。

　発達障害のある方は環境に恵まれて活躍している方がいる一方、変化に弱いその特性により、プライベートなどでのちょっとした出来事が、定型発達の人以上にキャリア生活に影響してしまうことを目の当たりにしてきました。就業中の発達障害のある方がプライベートでの困り事を抱えたとき、相談できる先はほとんどないといってもよい状況です。特性から日常生活で困っていてもどこにどのような支援を求めたらよいか、わからない方々も多いと思います。そんな当事者のために、実際に職場や生活面で困りごとを抱えた方々の事例を取り上げ、職業生活を継続しながら相談先をどこに求めればいいのか、必要なときに必要な支援を得られるように相談窓口の概説も掲載しています（第5章）。

　私たちは決して一人で生きているわけではありません。当事者の家族もさまざまな想いを抱え、日々奮闘しています。発達障害のある方だけでなく、彼ら、彼女たちを支える家族の姿も紹介したいと強く思い、第

6章では当事者の家族の言葉も掲載しています。

　発達障害のある方々のキャリアと生活の両方の維持と、さらなる向上を応援する意味で本書を上梓しました。本書が、すでに社会に一歩を踏み出し、自分の特性と向かい合いながら工夫を重ねつつ、苦労して就業している発達障害のある方々にとって、いざというときの相談先を知り、安心して活躍するための一助につながれば幸いです。

テスコ・プレミアムサーチ株式会社
石井京子

目次

はじめに

第1章　大人の発達障害　……………………………… 1

大人の発達障害は増えている？ ……………………… 2
早期診断と療育・教育 ………………………………… 6
発達障害のある生徒の進路 …………………………… 7
大学生活で直面する課題 ……………………………… 10
大学生の日常生活における課題 ……………………… 13
【事例】一人暮らしにおける困難さ ………………… 15
【事例】生活の変化で気づく ………………………… 16
【事例】アルバイトをして気づく …………………… 18
就職活動における課題 ………………………………… 20
【事例】就業してから気づく ………………………… 22
発達障害に気づいてからの変化 ……………………… 25

コラム　発達障害の人の就労と福祉制度　吉川かおり …… 28

第2章　発達障害の診断　……………………………… 33

Q 医療機関を受診するのがよいのでしょうか？ …… 34
Q 発達障害の診断ができる医療機関の探し方を教えて
　ください。 …………………………………………… 36
Q どのように診断するのですか？ …………………… 40
Q 診断を受けることは役に立ちますか？ …………… 43
Q 治療により不都合な特性を軽減できますか？ …… 46
Q 病気以外のことにも答えてくれますか？ ………… 49
Q 自分で確認できる方法はありますか？ …………… 52
Q 事務的な作業は向いていないと言われましたが？ … 54

第3章　二次障害について　……………………………… 57

Q うつ病で通院していましたが、発達障害の可能性があると言われたのはなぜですか？ …………… 58
Q 子どもの頃からご飯が食べられなかったり、ちょっと動くと疲れてしまったりすることがありました。子どもの頃からうつ傾向があったのでしょうか？ … 61
Q 発達障害の人には二次障害が多いと言われますが、どうしてでしょうか？ ………………………… 63
Q 発達障害と二次障害のどちらの治療を優先すべきですか？ ……………………………………………… 65
Q 薬は減らすことができますか？ ………………… 68
Q 復職できると判断する見極めを教えてください。… 70
コラム　**発達障害のピアサポート　広野ゆい** …… 73

第4章　うつのリワーク　…………………………………… 79

復職に向けて ………………………………………… 80
Q 復職支援（リワーク支援）施設とは、どんなところですか？ …………………………………………… 82
Q 復職支援（リワーク支援）施設の選び方は？ …… 85
Q どうしても自分に合った復職支援（リワーク支援）施設が見つかりません。 …………………………… 87
Q 就労移行支援事業所とは、どんなところですか？… 88
Q 就労移行支援事業所の選び方は？ ……………… 91
コラム　**働く人と職場を支援する産業保健師　佐々木美奈子**… 93

第5章 利用できる福祉制度 ……………………… 99

　　　　　福祉・医療サービスの存在 ……………………… 100
　　　　　障害福祉サービスを利用するために ……………… 101
　　　　　就労支援機関 ……………………………………… 105
　　　　　職業訓練 …………………………………………… 113
　　　　　働く前の準備と医療サービス …………………… 118
　　　　　生活支援 …………………………………………… 121
　　　　　成年後見支援 ……………………………………… 124
　　　　　地域生活支援事業 ………………………………… 126
　　　　　支援者の導入 ……………………………………… 127
　コラム　地域で家庭を築き暮らしていくために　小林ゆかり… 128

第6章 家族との関わり、社会との関わり ………… 133

　　　　　働いている人の相談先がない？ ………………… 134
　　　　　助けを求めよう …………………………………… 135
　　　　　生活の変化が与える影響 ………………………… 136
　　　　　発達障害を抱えながらの育児 …………………… 139
　　　　　発達障害の子どもを持つ母親への支援 ………… 141
　　　　　親の想い …………………………………………… 143
　　　　　カサンドラ症候群 ………………………………… 145
　　　　　誰もが支援を求めている ………………………… 147
　　　　　発達障害の人のキャリア＆ライフ ……………… 149
　　　　　障害者雇用の実態 ………………………………… 151
　　　　　法改正の影響 ……………………………………… 153
　　　　　発達障害のある人への注目 ……………………… 154
　　　　　障害者雇用と社会に望むこと …………………… 155

おわりに

第 1 章

大人の発達障害

大人の発達障害は増えている？

　2005年発達障害者支援法が施行され、「発達障害」という言葉が社会に知られるようになり、その後、2010年の障害者自立支援法の改訂、翌2011年の障害者基本法の改訂の中で発達障害が明記されるに至りました。医療、福祉、教育の分野では発達障害への理解が広がりましたが、社会では発達障害について十分な知識を持つ人が多いとは言えません。その背景には、個々の状況が多岐にわたるため、特性に対する理解のしにくさや、見た目にはわからないが故の本人が抱える課題の困難さなどが挙げられます。発達障害の特徴があっても、どこからを障害と捉えるのかの線引きが曖昧であることや、周囲も本人も発達障害に気づいていないケースもあり、発達障害のある人の割合を正確に把握することは難しいのが実情と思います。その中で一つの参考になるのが、2002年の文部科学省の調査です。義務教育において教育上特別な配慮を要する児童・生徒は通常教育で6.3％、2012年調査では6.5％でした。特別支援教育を受ける発達障害の生徒は、2002年度は1.2％、2012年度には1.4％と報告されています。義務教育では学習や行動面から、AD/HD（注意欠如・多動症／注意欠如・多動性障害）やLD（学習障害）が気づかれやすく、学習に問題のない生徒は特別な問題や言語能力の遅れがなければそのまま見過ごされているのではないかと思います。

大人になって発達障害に気づいた人

　著者が就職相談を受ける発達障害のある人は、成人になってから特性

に気づいた方々がほとんどです。タイプとしては、AD/HDやLDよりもアスペルガー症候群と診断され、高学歴で言語能力の高い人が多いことからも、義務教育の期間はもちろん、その後高校、大学まで自分の抱える課題に気づくことなく過ごしてきた方々が多いと思われます。いざ就職活動を始めても、筆記試験は合格しても面接がうまくいかない、どのように活動を進めてよいかわからない、どの企業に応募したらよいのか決められないなどのさまざまな課題を抱えています。言語能力に問題のない人は運よく企業に入社しても、周囲との人間関係を構築できず、孤立し、離職に至る場合もあります。

発達障害のある人の数は測定が不可能ですが、おそらく「発達障害」が広く知られ、自分も発達障害ではないかと診察を受けることにより、診断される人が増えてきているのだろうと推測します。

社会の変化（1）―求められる人材の定義の変化

社会の変化は人々の「働きやすさ」に大きく影響します。日本経済が大きく発展していた時代（1950～60年代）、企業は大量の定期採用を行い、新入社員の研修に時間をかけ、職場に配属後も先輩が後輩に対してきめ細かな指導を行い、育成していく仕組みがありました。どんな社員でも時間をかけて成長、昇進ができる環境でした。

しかし、2008年のリーマンショックを経て、どの企業もコスト削減を進め、余剰人員を置かなくなり、後輩の指導にあたる社員は減らされ、いつの頃からか新卒であろうとも即戦力となる、周囲との優れたコミュニケーション能力を備えた人材が求められるようになりました。経済産業省では社会人基礎力を「前に踏み出す力（主体性・働きかけ力・実行力）」「考え抜く力（課題発見力・計画力・創造力）」「チームで働く力（発

信力・傾聴力・柔軟性・情況把握力・規律性・ストレスコントロール力）」の 12 の要素からなる 3 つの能力として定義・発信していますが、これらの能力を求められるとつらいと感じる人は少なくないと思います。

社会の変化（2）―IT 化の進展

近年の情報技術（IT）の進展は目覚ましいものがあります。かつて「情報革命時代に突入した」というようなニュース報道がされましたが、その際に予想した状況をはるかに超える膨大な量の情報の海に私たちは漂っています。働き方として求められることは、専門的な知識だけを持っていることではなく、この膨大な量の情報をいかに効率よく使いこなせるかということであり、そこに重きが置かれる時代です。パソコンが導入される前の時代には、発達障害のある人の類まれなる記憶力は一目を置かれていたことでしょう。しかし、パソコンにより誰でもさまざまな情報が検索できる状況となった現在では、知識を記憶していることよりも、その知識を活用できる人のほうが評価されます。

メディアやインターネットによる情報

発達障害がメディアなどで取り上げられるようになったのは、この 10 年ほどのことです。発達障害に関する書籍を読み、あるいはメディアなどでの放映を観て、自分と同じではないかと気づいた人も少なくないようです。さらにインターネットでは膨大な情報が検索できる時代です。例えば、ネット上には AQ テスト（「自閉症スペクトラム指数（AQ）日本語版」）と呼ばれる簡単に自己診断・スクリーニングができるツールがあります。AQ テストは、「社会的スキル」「注意の切り替え」「細部

への注意」「想像力」といった自閉症の特徴や認知特性に関する項目から構成され、50問ある質問に対して、それぞれ4段階（「確かにそうだ」「少しそうだ」「少しちがう」「確かにちがう」）で答えます。回答時間も10分程度で、採点も簡便です。メディアなどの情報で、自分が発達障害ではないかと疑いを持った人がこのテストを受け、自己のスコアが高い（得点が高いほど自閉症スペクトラム障害の傾向が高いと考えられている）ことを確認し、医療機関へ相談に行くこともあるようです。

きっかけは小さな変化かもしれない

　発達障害の傾向があっても、仕事もプライベートもうまくいっているときには何の問題もなく活躍している人は大勢います。したがって、傾向がある人全員が困っているとも言い切れません。しかし、発達障害の傾向があると、感覚過敏や体力の問題から、働く環境や時間によって影響を受けやすい人がいます。また、発達障害の特徴を持った人の中には環境の変化などへの社会適応がうまくいかず、不安やストレスが高じ、うつ状態などの二次障害を抱える人が多いと言われています。

　著者が相談を受ける発達障害の方々から話を伺うと、一つの企業に長く勤めていても環境の変化が大きく影響し、仕事を続けられなくなったという経験を持つ人が多いことに気づきます。しかもその変化は上司の交代、人事異動、担当替えなど企業に勤務する人にとってはあたりまえのことが多いかもしれません。変化の波にさらされているのは発達障害のある人だけではありません。現代社会では誰もが何らかの不安を抱えて働いているとも言えますが、発達障害のある人は変化への対応が非常に苦手であるため、対応できずに結果として離職につながってしまうのは残念なことです。

早期診断と療育・教育

　発達障害には AD/HD、LD、高機能自閉症、アスペルガー症候群などの広汎性発達障害があります。広汎性発達障害は 2013 年の米国精神医学会の診断の手引きの改訂に伴い、「自閉スペクトラム症／自閉症スペクトラム障害」に名称が変わりました。広汎性発達障害の特徴には対人関係・社会性・コミュニケーションの障害、想像力の欠如、パターン化した行動や興味、行動の偏りがあります。しかも、知的能力は療育手帳の対象になる人から、難関の大学にいともたやすく合格するほどの高い知的能力のある人まで幅が広いのが特徴です。

　発達障害は乳幼児の時期に抱っこを嫌がる、視線が合わない、言葉が遅いなどの兆候が見られ、保育園や幼稚園では名前を呼んでも振り向かない、友だちと遊ぶよりも一人遊びを好むなどの傾向があり、健康診断（1歳半、3歳など）である程度判明します。個々の発達の状況によりますが、保護者の奮闘により、幼児期や学童期から療育を受けて成長し、社会に出るまでにさまざまな経験を積むお子さんも少なくありません。もっとも、適切な療育を受けられる施設は地域の療育センターや個人開業の発達障害クリニック、あるいは専門家による訪問療育などに限られており、お子さんの学校生活での支援はもちろんのこと、医療機関、療育機関への付添いと費用など、保護者の負担は大きなものです。これまでの特別支援学級は知的障害が対象でしたが、最近では自閉症・情緒障害特別支援学級、自閉症・情緒障害通級指導教室を併設する学校が増えており、必要に応じて教育を受けられます。このように義務教育の間は教育、医療、福祉の分野でさまざまな支援を受けられるようになりました。

発達障害のある生徒の進路

進路の選択

　幼児期や学童期から発達障害が判明している児童・生徒の保護者の中には、小学校、中学校に進学するときに「うちの子は通常学校へ行くのがよいのか、それとも特別支援学校がよいのか」と悩む方々は多いのではないかと思います。

　進路としては、特別支援学校・学級で教育・支援を受ける他に、2007年度から通常学級に在籍する発達障害のある生徒も特別支援教育の対象になり、支援を受けながら通常学級で学習できるようになりました。小・中学校では特別支援教育コーディネーターが指名され、発達障害に関わる医療従事者や専門家、各関係機関と連携しながら生徒を支援していく仕組みがあります。

　中学校への進学時に保護者は"選択"と"決断"を迫られることになります。特別支援学校の中等部、公立中学の特別支援学級、公立の通常学級、あるいは発達障害に理解のある私立中学という選択肢があります。

ニーズに応える高等学校

　義務教育を終えると、さらに多くの選択肢が出てきます。高等学校には全日制の普通科以外にもさまざまなタイプの学校があります。東京都の場合を例に挙げると、多様な教育支援へのニーズに対応するため、新しいタイプの公立高校が誕生しています。力を発揮しきれずにきた生徒

のやり直しを応援する"エンカレッジスクール"や、中学校で不登校などを経験し、能力や適性を十分に生かしきれずにきた生徒のための"チャレンジスクール"があり、単位制の高校や、定時制・通信制高校があります。2009年の文部科学省の報告によれば、発達障害等困難のある生徒の在籍率は全日制高校が1.8％ですが、定時制高校は14.7％、通信制高校は15.7％という高い割合になっています。いじめの経験や学習上の問題により、より自由度の高い学校を選択する傾向があります。

表1 東京都に設置されている高校の種類

	全日制 (学年制・単位制)	定時制 (学年制)	定時制 (単位制)	定時制 (単位制)	通信制 (単位制)
通学日・時間	毎日・昼間	毎日・夜間	毎日・昼夜間	毎日・夜間	レポート課題とスクーリング
一日の勉強時間	6時限	4時限	4時限	4時限	スクーリング
卒業までの年数	3年	3年以上	3年以上	3年以上	3年以上
設置学科	普通科(＊エンカレッジスクール)、工業科(デュアルシステム導入校、＊エンカレッジスクール)、専門学科等	普通科、農業科、工業科、商業科、併合科、産業科	普通科、情報科、総合学科(チャレンジスクール)	普通科、総合学科、工業科	普通科

＊設置学科は東京都の場合

サポート校とは

　民間では「広域通信制高校」に所属する生徒が通信制高校を3年間で卒業するように、地域の民間の教育施設で授業や学校行事を行い、全日制と同じようなスクールライフを体験できるサポート校も増えてきています。発達障害のある生徒は、高校に進学してもクラスになじめずに不登校となることがありますが、通信制の高校などに再入学・卒業し、一般入試を受けて大学に入学する人もいます。不登校を経験し、中退した人も高卒認定試験に合格すれば大学受験が可能です。

将来を考える

　学校の種類が増え、学ぶ方法の選択肢が増えたことは将来の可能性を広げるためにもよいことです。しかし、発達障害のある生徒が自分の特性と将来を考えて進路を選ぶには、その特性から先の見通しが持てないために自分の将来をイメージできず、意思決定に時間を要します。したがって、少しでも早めに進路を考える必要があり、保護者の理解と支援が不可欠です。一方、学力の面で優れているため、一見問題がないように思われる発達障害のある生徒の中には、本人も保護者も周囲も気づかないまま有名進学校に進む人もいます。部活動などでクラスメイトとの人間関係に苦手さを感じる発達障害のある生徒は少なくありませんが、進学校では部活動に参加せずとも、大学受験を最大の目標に毎日を過ごしていく生徒が多いので、クラスメイトとの関わりをほとんど持たなくとも、勉強ができればその中で目立たずに過ごしていきます。特別周囲から注意を払われることなく、本人も保護者も気づかないまま大学に進学する、という課題がここでは浮かび上がってきます。

大学を選ぶ

　入学時に専攻を決めない米国の大学とは異なり、日本の大学は基本的に入試の際に学部学科を決めます。入学後の専攻分野の変更は困難です。大学生、大学院生の就職相談では専攻に必修の演習に対応できない、手先の不器用さなどの特性から実験がうまくいかないなどの話をよく聞きます。その結果、大学・大学院を中退する人もいます。自分の好きなことであればどんなことでも頑張れると思いますが、そうでない場合は自分の特性と将来のことを考えて大学を選ぶ必要があると言えます。

大学生活で直面する課題

　発達障害のある学生は大学に入学すると、大きな環境の変化や課題に直面します。大学全入化時代とはいえ、安易な理由で大学に進学すると、将来に大きな影響を及ぼすことになるかもしれません。

✓ 履修登録と自己決定

　高校までは教室の座席や授業の時間割が決まっており、登校して自分の教室に行けば、ホームルームの時間があり、出席していれば必要な情報は自動的に得られ、カリキュラムも自動的に進行していきました。

　ところが、大学では授業の選択・履修・単位の取得まで自己責任で行わなくてはなりません。数多くある講義の中から自分が受講する科目を選択することも、発達障害のある学生にとっては苦手な作業でしょう。自分で履修登録を行えず、全面的に保護者の協力を必要とする学生もいます。また、余裕を持って多めに単位を取得するという発想がないため、必要最低限の科目数しか履修せず、後々単位不足に陥る例もあります。

✓ 情報へのアクセスとコミュニケーション

　発達障害のある学生はコミュニケーションが苦手なため、大学生活で友人を作れず、孤立しがちです。そのため、授業や大学生活に必要な情報にうまくアクセスできません。休講情報の入手に苦労し、あるはずであった授業の休講を知っただけで、その小さな変化にも気持ちがあたふ

たする人がいます。情報不足に加え、スケジュール管理も苦手な場合が多く、結果として進級に必要な単位の不足に陥る人や、期限内に卒業論文を提出できずに留年する人もいます。

✓ キャンパス内の移動など

　大学では授業のたびに1日に何回も教室を移動します。そのため、入学した直後は、広いキャンパス内で道に迷う発達障害のある学生が続出します。また、発達障害のある学生の中には教室内で自分の座る座席を決めている人がいます。ところが、自分が座ろうと思っていた席に他の学生が座っていると、自分が決めていた物事が予定通りに運ばなかったということでパニックになってしまうことがあります。3人がけの座席の真ん中の席しか空いていない状況では、端に座っている学生に「すみません」と声をかけ、ちょっと席を立ってもらい、その間を通り、真ん中の席に座らせてもらう必要がありますが、声をかけられないがために授業に出席できない学生がいます。聴覚過敏のある学生やAD/HDの傾向のある学生にとっては、広い教室かつ大人数で受ける講義は、ザワザワして落ち着かない環境に違いありません。

✓ ゼミや演習

　専門課程に進むと少人数のゼミや演習があります。ゼミは教授（助教授）を中心とした、数人程度の小規模な研究グループ兼学習グループです。受け身で聴講する講義とは異なり、ゼミでは教授の指導のもとに特定のテーマについて学生が自主的に研究・発表・討論を行います。チームワークによる作業が中心であり、周囲とのコミュニケーションは欠か

せません。卒業論文・修士論文の作成も指導教授の具体的な指示がなければ行き詰ってしまう学生がいます。また、人間関係をうまく構築できずに孤立してしまう学生や指導教授との意思疎通をうまく図れずに関係が悪化し、学生相談室にSOSを求める学生もいます。ゼミや演習が必修の場合は、いくら苦手でも避けて通るというわけにはいきません。

サークル活動

　授業以外のキャンパスライフではサークル活動があります。ある女子学生は「中学校や高校では部活に参加しなかったので、心機一転サークル活動に参加してみたけれど、どんなに自分から話しかけようと頑張っても周囲から浮いてしまい、気づいたら周囲の学生はグループをつくり、自分だけが一人ぼっちになっていた」と語ります。その他、サークル活動の日程を決める際に、自分のアルバイトの都合などを優先したため、自分勝手だと非難されてしまった学生もいます。人間関係の構築や日程などの調整作業は発達障害のある学生が最も苦手とするものです。

イベントへの参加

　大学時代のよき思い出を作ろうと、学園祭などの行事や短期語学留学に積極的に参加する学生もいます。しかし、発達障害のある学生は周囲の学生と同じように楽しめません。一般的には他人への共感的態度をみせることによって、個人間の結びつきが強まります。共感性が薄い発達障害のある学生は、相手の立場に立って考えることや、よい関係性を作ることが苦手なため、自分だけ孤立していると感じたり、自己不全感を感じたりすることがあるかもしれません。

大学生の日常生活における課題

一人暮らし

　発達障害のある学生は大学の授業以外にも生活全般のシーンにおいてさまざまな困難を抱えています。

　地元以外の大学に進学し、親元を離れて一人暮らしを開始した学生などは、生活自体が激変します。それまで保護者（主に母親）がすべて世話をしていた料理、洗濯、掃除にいたるまで一人でこなさなければなりません。それでも学内には学食があり、日本全国どこにでもコンビニもあり、最低限のものは手に入るので、ひもじい思いをすることはないでしょう。しかし、食べることに関しては、栄養の偏りが健康面に大きな影響を与えます。また、病気やケガをしたときには食料を調達するのも困難になるかもしれません。

自己管理

　一人暮らしは自由で、誰に何を言われることもありません。ゲームに没頭して、生活が昼夜逆転してしまうような人もいます。生活のリズムを崩すとなかなか元に戻すことができません。授業の欠席が続き、単位を取得できないということにもつながります。アルバイトを始めた人は仕事に一生懸命になりすぎて、やはり出席不足で単位を取得できない人がいます。複数の作業を並行して行うことの苦手さが顕著になります。

　また、金銭管理の問題を抱える人もいます。計画的にお金を使うこと

が苦手で、あとのことを考えずに高価な欲しいモノを購入してしまう人も少なくありません。生活費に残しておくべき分まで、趣味のことに使ってしまい、食費すらなくなり、実家にお金の無心をする人もいます。また、購入してしばらくはそのゲームや趣味のモノに没頭していたとしても、飽きてしまうとほったらかしということがあるようです。

アルバイト

　大学生のアルバイトとして手っ取り早いのはコンビニや店舗での販売、接客業務です。発達障害のある学生が皆もやっているからという理由でこれらのアルバイトに応募すると、自分のできないこと、苦手さに気づき愕然とすることになるかもしれません。発達障害のある学生の場合、まったく気づいていないと思いますが、コンビニ店員の業務はまさにマルチタスクです。商品のレジを打ちながら、お弁当を「温めますか？」と聞き、「○○カードをお持ちですか？」と必ず確認しなければなりません。昼時ともなれば、レジ待ちの客の列ができます。そのような状態ではあたふたしてミスをしてしまうかもしれません。商品のおでんを容器に移そうとして、慌てたためカウンターに落としてしまったという人もいます。焦れば焦るほど失敗してしまう姿が目に浮かぶようです。客からのクレームが続き、シフトに入る回数がだんだん減り、やむなく別の店舗に移るということを繰り返している人もいます。

　また、ドラッグストアでアルバイトをしたある学生は、閉店時の片づけから店舗のシャッターを下ろすまでの一連の作業が他の人のように手際よくこなせず、店長から「なぜ、そんなに時間がかかるのか」と注意されてしまったことがあるそうです。自分ではできると思っていても、実際にやってみるとうまくいかないことは数々あります。

【事例】一人暮らしにおける困難さ

● Aさんの場合　アスペルガー症候群　男性

　冬場は雪が降る地域の大学に進学したAさんは、定型発達の人であれば危険と感じ、避けるような凍結した路面を自転車で走行して転倒し、骨折してしまいました。そのためギプスをし、松葉杖の状態で慣れない雪道を歩くのが困難で、スーパーやコンビニに食料を調達に行けなくなってしまいました。やむなく実家に助けを求め、カップ麺などの食料品を宅急便で送ってもらい、急場をしのぎました。

● Bさんの場合　アスペルガー症候群　女性

　地元以外の大学に進学したBさんは家事が得意ではないため、食事付の学生マンションに入居しています。個室で朝晩2回の食事が出るので、家事に不慣れでも安心して生活し、学業に専念できます。しかし、Bさんは日常生活のことさえも、突発のスケジュール変更は苦手です。
　Bさんは一週間のスケジュールを決めていて、土曜日を洗濯の日にしています。ところが、土曜日に他の予定が入ってしまうと、洗濯ができません。別の曜日に変更すればよいのですが、Bさんは一度決めた予定を変更できないので、洗濯は持ち越され、翌週の土曜日に2週間分の衣類を洗濯することになります。自分の衣類の洗濯は、いつでも好きなときにして構わないと思いますが、本人にとっては難しいことのようです。予定の変更は常に起こり得ることで、働き始めてからのBさんのことを想像すると、変化への対応が苦手なことによって将来困りはしないだろうかと憂慮します。

【事例】生活の変化で気づく

● Cさんの場合　アスペルガー症候群　男性

　地元ではない地方都市の大学に進学したCさんは、大学入学と同時に初めて一人暮らしをスタートさせました。実家にいるときには黙っていても食事が出てきましたが、それまで料理をしたこともなく、学食とコンビニで買った食事だけの生活を続けているうちに、栄養が偏り、体調を崩しやすくなりました。また、金銭管理もしっかりできているとは言えず、仕送りを趣味のことなどに使い果たしてしまい、母親に生活費を無心することも度々でした。学校に通えない間はゲームに没頭し、生活が乱れ、学業に専念できず、留年することになりました。

　皆が行くからと特別な考えもなく、学部終了後に大学院に進学したCさんは、研究室のメンバーとうまくコミュニケーションが取れずに孤立してしまいました。折しも周囲の皆が就職活動を始め、Cさんもほんの5～6社だけ民間企業を受けてみましたが、手ごたえがありませんでした。その後、公務員試験を受け続けますが、筆記試験は合格するも最終面接で不合格が続き、すっかり気持ちが滅入り、落ち込む日々が続きました。さらに、研究室の指導教官との関係も悪化し、修士論文の作成にも影響をきたすようになりました。その際に大学内のカウンセラーに相談をしたところ、発達障害の可能性があるのではないかと指摘され、検査を受けアスペルガー症候群と診断されました。診断を受けて確かにそういうところはあると納得し、一般枠の就職活動には出遅れましたが、障害者雇用枠での就職活動を開始しました。

図1 Cさんの生い立ち年表

発語が遅かった	幼児期	ひどいアレルギーがあり、偏食がひどかった
体育苦手 手先不器用 コミュニケーション苦手 いじめられた	小学生	何をやってもうまくできない
部活動(吹奏楽部)	中学生	成績はよかった ゲームにはまる
部活動(吹奏楽部) 受験	高校生	ゲームが止められない 独学で勉強に励む ひたすら暗記
地方の大学へ進学 初めての一人暮らし 生活リズムが乱れる 体調を崩す 留年 心療内科へ通院	大学生	金銭管理ができない(仕送りを一気に使う) 遅刻・欠席が増える 体調悪化の不安でメンタルも悪化 うつと診断、服薬開始
就職試験に落ち続ける 修論がうまく進まない 発達障害の診断を受ける 地元に戻る	大学院生	筆記試験で合格するも面接で不合格 指導教員とのコミュニケーションがうまくいかない
[障害者雇用枠] 民間の就職支援会社に登録 ハローワークに相談 就労移行支援の利用も検討	就職活動	短期アルバイトをした会社で指示通りの仕事ができないと指摘される 障害者雇用枠での就労を決断する 人材紹介会社、民間の合同面接会、ハローワークのすべてを利用 とにかく面接を受け続ける
障害者雇用枠で就職	障害者雇用枠就労	事務職で就業開始

第1章 大人の発達障害

【事例】アルバイトをして気づく

● Dさんの場合　広汎性発達障害　女性

　地方から上京し東京の大学に進学したDさんは、生活のためにさまざまなアルバイト（コンビニやケーキ店、ドラッグストアでの販売、病院の受付など）をしました。ある職場では、いつまで経っても手際よく仕事をこなせないため、職場の同僚と気まずくなり、上司からも仕事ぶりについて注意を受けて辞めてしまいます。病院の受付では臨機応変な対応ができず、1ヶ月で辞めて欲しいと言われてしまいました。

　卒業時は新卒として就職活動を行い、20〜30社に応募してみたものの内定は取れませんでした。自分でも発達障害の傾向があるのではないかと薄々感じていましたが、卒業前に相談に行ったハローワークの発達障害に詳しい担当者との面談の中でアドバイスを受け、受診したところ、広汎性発達障害と診断されました。自分の苦手さをわかってもらったうえで働こうと障害者手帳を取得し、障害者雇用枠での就職活動を始めました。

　相談に訪れた就労支援機関のアドバイス通り、事務職を目指すためにパソコンを習い始めました。生活のためにアルバイトは継続し、平日の昼間は面接に対応できるよう、土日と平日夜間の勤務を積極的に引き受けました。仕事の内容はホテルの宴会サービスで、料理を出す順番が決まっているので安心して対応できました。

　卒業して7ヶ月後、就職が決まりました。さまざまなアルバイトで苦労を重ねてきましたが、その経験は自分のできること、できないことを理解することにしっかりつながり、無駄にはなりませんでした。

図2 Dさんの生い立ち年表

運動苦手 集団行動で孤立	小学生	話についていけなくなる 「あの子の話聞いた?」
仲間外れ いじめ	中学生	アイドル、恋愛、ファッション 会話を楽しめない 盛り上がらない
グループに入れない	高校生	真面目に頑張るが、何でも遅い
上京 生活のためにアルバイト 就職活動にことごとく失敗 心療内科へ通院 ハローワークに相談（4年生冬） 受診、診断を受ける 民間就労支援機関に相談 （大学卒業）	大学生	さまざまなアルバイト コンビニ：レジを打ちながらのお客様対応に四苦八苦 ドラッグストア：閉店のときの片づけに時間がかかりすぎる 病院受付：電話応対・患者様の対応を必死にこなすも1ヶ月でクビ 内定が取れず気持ちが落ち込む 発達障害の可能性を示唆される 広汎性発達障害と診断 障害者雇用枠での就労を決意
アルバイトをしながら就職活動 昼間はパソコンスクールに通う 手帳を取得（6月） ハローワーク障害者就職面接会に参加	就職活動	就活を優先し、土日、平日夜間中心のアルバイト（ホテル宴会サービス） MOS検定（Word、Excel）に挑戦して合格 履歴書作成、面接練習などのアドバイスを受ける 1社面接に呼ばれるも緊張して失敗 あきらめずに就職活動
障害者雇用枠で就職（11月）	障害者雇用枠就労	事務職で就業開始

第1章 大人の発達障害

就職活動における課題

✓ 「学業」と「就職活動」の同時進行の難しさ

　大学生活を送ることだけでも精一杯の発達障害のある学生にとって、卒業論文を作成しながら、並行して就職活動を行うのは大変難しいことです。インターネットでのエントリーが一般化した今日、学生は数十社もの企業にエントリーするのが普通です。しかし、発達障害のある学生の中にはどの企業を選んでよいかわからない人もいます。その場合は具体的な就職活動につながりにくく、十分な就職活動を行わないまま卒業の日を迎えることになります。時間管理とスケジュールを立てるのが苦手な発達障害のある学生にとって、企業説明会に参加し、いつ連絡が入るともわからない面接に備えるという状況はストレスが高くなります。企業から連絡があれば適性検査、面接といういくつものハードルを越えていかなくてはなりません。学業と就職活動を同時進行できずに、卒業論文を提出してからようやく就職活動を始める人も少なくありません。

✓ 自己理解の不足と職業選択のミスマッチ

　就職活動を始める際には、自己分析が必要になります。これまでの自分や現在の自分を見つめ直し、将来どのような仕事に就きたいのか、そして自分にとって適性のある仕事とは何なのかを探求するわけです。しかし、この作業において不適応を起こす人も少なくありません。自分を客観視することが苦手なため、自己の適性を考えることなく、自分の趣

味や興味へのこだわりだけで応募企業を選択し、企業選択の幅が広がりません。また、自分に合う職業を選択するうえでも困難をきたし、最初の職業選択において特性に合わない職種（企画、営業、接客など）を選んでしまう学生は多く、結果として早期離職、転職につながります。

さらに、適正な自己評価ができないため、自分の能力を過大評価し、合格が到底不可能と思われる大手企業ばかりに応募しているという課題も挙げられます。また、採用試験において不合格が続いたときに、不合格となった理由が分析できないため、軌道修正が難しくなります。

「面接」は最大の難関

学校での勉強とは異なる取組みとなる就職活動には、正解はありません。周囲が就職活動を始めても発達障害のある学生は戸惑い、流れに乗り切れず空回りしたまま時間が経過していく例さえあります。

就職活動中、具体的には志望企業の選択、エントリーシート（応募書類）の作成、筆記試験、面接という一連の流れのうち、それぞれに苦手さを持つ学生がいます。まず、サークル活動ばかりか大学生活をうまく過ごせなかった発達障害のある学生は「自分には何もＰＲできることがない」と行き詰まってしまい、そのためエントリーシート作成の時点で厚い壁にぶつかってしまいます。また、企業によって形式の異なる応募書類の記入に際し、その都度戸惑うことになります。面接では、面接官の質問に対してその意図を理解し、自分の考えをまとめ、理論的に答えるという点が試されますが、会話のキャッチボールが苦手な発達障害のある学生にとって面接は最大の難関です。１対１の面接ばかりか、最近行われるグループ面接（集団面接）やグループ・ディスカッション、グループワークへの対応は著しく困難となります。

【事例】就業してから気づく

　周囲と同じように新卒の就職活動を行ってみたものの、結果に結びつかなかったという人は少なくありません。大学卒業後の進路としては、大学院に進学する人、公認会計士・税理士を目指して専門学校に通う人、あるいは就職浪人をする人などさまざまです。コミュニケーションが苦手な人のための新卒支援のインターンプログラムを利用する人もいます。

● Eさんの場合　広汎性発達障害　男性
　Eさんは、大学卒業後3ヶ月のインターンを経て正式に採用されるという一般の新卒支援のプログラムに参加し、そのままその企業に就職しました。入社直後に配属された職場はお客様と直接対応する職場でしたが、Eさんは臨機応変な対応ができないために接客は不向きと判断され、半年後には管理部門へと配属先が替わりました。
　新しい職場で経理業務そのものではありませんが、数字を扱う業務に就いたEさんは再びさまざまな苦手さに直面することになります。Eさんは元々数字を扱うことを苦手としているのですが、電卓を使っても合計の数字が合いません。ミスをなくすため、現場のように一つの作業ごとに指差し確認を行い、自分なりにできる努力を行いましたが、結果に結びつきませんでした。
　仕事上関わらざるをえない決済やローンの仕組みもいくら勉強しても理解できませんでしたし、任されている業務の一つひとつは入力業務など難しい仕事ではないのですが、複数の業務を並行して作業すると優先順位がつけられません。仕事を早く覚えようと必死に努力してみたもの

の、他の人のようにできないという状況は一向に変わりません。

　次第に気持ちが落ち込むようになり、結局入社して3年で退職せざるを得なくなりました。退職後に医療機関を受診したＥさんは広汎性発達障害と診断を受けました。長期雇用を希望するＥさんは障害者手帳を取得し、障害者雇用枠の求人に応募することを決断しました。発達障害を開示して障害者雇用枠で働くことを決心したのは、ハローワークの一般窓口に配置されている発達障害に詳しい就職支援ナビゲーターが丁寧に対応してくれたことがきっかけでした。この就職支援ナビゲーターはすべての窓口に配置されているわけではありませんが、若年求職者（34歳以下）でコミュニケーション能力や対人関係に困難を抱えている人、発達障害の診断を受けている人、あるいはその疑いのある人にとっては就職支援の強い味方です。

　Ｅさんは、これまでいくら自分で努力してもうまくいかなかった理由がわかった、と意外にさっぱりした様子で、障害者雇用枠での就職活動を開始しました。民間の障害者専門の求人情報サイトやハローワークの障害者就職面接会などに積極的に参加し、半年ほどの就職活動の結果、あるメーカーに就職し、現在も就業を継続しています。

● Ｆさんの場合　AD/HD　男性
　Ｆさんは有名大学を卒業後、大手企業に就職し、営業など人と接する業務に仕事のやり甲斐を感じていました。しかし、自分としては頑張ったつもりでも上司の評価はいまひとつでした。その結果、若いうちに別の業界にチャレンジしてみようと転職しました。そこでも特に大きな失敗をしたわけではないのですが、自分の期待するような評価を得られず、興味のままに他の業界に転職します。転職先の企業では管理部門の事務を任されることになりました。細かな数字を扱う業務はＦさんに

合っていなかったようで、ミスを連発することになります。その部署には長年勤続する社員が多く、ちょっとしたミスもその都度指摘され、Ｆさんはどんどん萎縮し、ミスの連発という悪循環に陥ってしまいました。

　気持ちも落ち込み病院を訪れたところ、うつ症状という診断でした。結局、退職に至りますが、通院を続けるも状況はすっきりせず、別の病院を受診したところ発達障害の診断が出ました。診断が出て驚いたＦさんでしたが、主治医からIQが高いことなども説明を受けました。AD/HDの傾向があり、新しいことへの取組みや対人の業務には高い適性を示しますが、単純かつ単調な業務にはミスが出やすいということを知りました。Ｆさんは診断を前向きに受け止め、障害者手帳の申請をしました。手帳の申請をすることについては、大きな抵抗はありませんでした。

　Ｆさんは、診断を受けてから、インターネットで障害者雇用というものがあることを知りました。Ｆさんのように、これまで何の問題もなく一般就労を続けてきた人のための相談窓口はありません。ハローワークの専門援助窓口はありますが、求人票上の記載内容については教えてくれるものの、Ｆさんが知りたい発達障害のある人の就業状況、特にこれまでと同じような処遇で就業できるかについて明確に答えてくれるわけではありません。

　Ｆさんは一般枠、障害者雇用枠の両方で並行して就職活動を開始しました。一般就労経験の長いＦさんは、体調さえ回復すれば一般就労をすることにはなんら問題はないため、主治医からも一般就労を勧められていたのですが、一般募集に応募するも転職回数の多さからなかなかよい結果に結びつきませんでした。Ｆさんは障害者雇用枠の求人に自己応募し、一般企業の障害者雇用枠で正社員の内定が決まりました。入り口は手帳の所持が条件でしたが、これまでと変わりなく仕事ができそうです。

発達障害に気づいてからの変化

障害の受容

　大人になってから発達障害の診断を受けた方々に、診断を受けてどのように感じたかを聞くと、「ショックを受けた」「人生をもう一度やり直したい」という人もいれば、「今まで周囲の人たちと何か違うように感じていた」「皆と同じようにできなかった理由がわかった」「今まで起こった人間関係や人生の出来事に納得できた」と話す人もいます。診断を受けてすぐには受け入れられない人もいますし、診断をもらってさまざまなことが腑に落ちたという人も、すぐに特性をすべて自己理解できるかというと、そういう訳にはいかないでしょう。本人もこれまで気づいていなかった場合が多く、診断を受けてから自分自身が発達障害について学ぶところから始まります。障害の受容は個人差がありますが、事故や疾患により目で見てわかる身体障害を持った方々でも本当の意味での受容には1～2年はかかると言われています。目に見えない発達障害の場合は想像することが難しいので、特性により何か問題が発生するとしても実際のその場面になってみないとわからないことが多々あります。障害を自己認識するには、もっと時間がかかるのではないかと思います。

　また、発達障害の特性があっても、仕事や日常生活がうまくいっているときは何も問題を感じる機会がないため、当然自らの特性とそれに起因する課題に気づくことはありません。環境にさえ恵まれていれば、自分の発達障害の特性に気づかないまま、活躍していく人、問題なく過ごしていく人も多いと思います。

✓ 診断を受けるメリット

● 苦手な部分への対応

　一つは、自分の特性を知ることで、苦手な部分への対応と工夫ができるようになります。自分の課題が見えれば努力の方向性がわかります。他の人と同じようにするために何倍も時間をかけている人はそのやり方を見直すきっかけになります。時間をかけてさまざまな方法を編み出している人もいると思いますが、場合によってはタイマーやアラーム機能などのツールを利用することも必要です。苦手なことに対しては事前に準備することで多少うまくやり過ごしていくことが可能になります。

　また、発達障害のある人の中には体力のない人がおり、しかも自分の体調を把握しにくいと言われています。自分の体力・能力の限界をいち早く知ることで、体調悪化や失敗を未然に防げるかもしれません。事前の予防は、職場でのストレスや不安の軽減にもつながります。

● 配慮を得られる

　二つめは、周囲に配慮やサポートを依頼しやすいということです。例えば、周囲に「私は口頭の指示より、文字情報による指示のほうが理解しやすい」と支援を求めることができます。配慮を得るということは職場での具体的な対応として策が得られますが、それよりも、理解者を得て本人の気持ちが安定し、前向きに行動できるということが何よりも重要です。理解者は当初の診断した医師、発達障害に詳しい心理士から、職場の上司や同僚などにまで広がると、より安心して働いていけるものと考えます。ただし、配慮が欲しければ自分で伝えない限り相手にはわかりません。自分の欲しい配慮をどのように伝えるか、伝え方を考える必要があります。自分でうまく伝えられない場合は支援者に相談し、代わりに伝えてもらうのもよいでしょう。

● 二次障害への対応

　うつなどの二次障害に対しては適切な治療が必要です。個々に状況は異なると思いますが、薬の処方を受けることにより状態が改善する人もいます。アスペルガー症候群を含む自閉症を持つ人の中には、非常に薬剤に敏感な体質の人がいます。不調でどんどん薬を増やされ、より不安定になってしまったということにならないよう、正しく診断を下せる医師に出会い、適切な治療を受け、適切な薬と適切な量を見つけることが必要です。ごく少量の薬の服用で、非常に快適に過ごしているという人もいます。大人の発達障害に詳しい医師は少ないと聞きますが、より適切な治療が受けやすい状況になることを強く望みます。

診断によるデメリット

　相談者の中には「診断されたところで治す方法はない」「理解のない人に話せば誤解される」と思い悩む人もいます。診断名にとらわれ、発達障害の特性を意識しすぎるあまり、これもできない、あれもできないと苦手さにばかり意識がいってしまい、それまで一般就労でできていた仕事ができなくなってしまったという事例もあります。診断名にとらわれ、振り回されてしまうようであれば、その診断は発達障害のある人にとってデメリットです。しかし、診断によって発達障害についての知識や情報を得て、必要な支援を受け入れる契機になれば、それはメリットです。診断をメリットにするか、デメリットにするかは本人次第ということになります。安心して継続的に働き続けるためには、本人の心の安定がとても重要です。当事者、保護者、周囲の方々が特性を理解し、またその特性に合った対処法を身につけ、周囲からのナチュラルサポートを得て生きやすくすることが大切です。

発達障害の人の就労と福祉制度
―視点の転換が大切

明星大学人文学部　吉川かおり

ⓒ「支援を利用しながらの自立」という考え方
　―発達障害の人に関わる人のために

　障害とは、発揮できる能力に標準値とは異なる限界があるということです。つまり、何らかの物事が「他の多くの人はできるのに」「その人はできない」という状態を指すため、障害の告知を受けて前向きに受け止めることができる人はほとんどいません。そして、障害の否認が支援の拒否につながり、結果的に生活困難がますます大きくなるという事例も少なくありません。

　そこで、まず必要なことは、家族・支援者・医師・企業の雇用担当者など、障害のある人に関わっている方々が、障害および支援についての考え方や価値観を以下のように転換することです。

① 「できること」と「できないこと」があるのは、障害があってもなくても同じことであると認識する。

② すべての人は、「できないこと」を何らかの方法で補い、社会生活や個人生活が円滑に営めるように工夫をしていると考える（例えば、目の悪い人にとっての眼鏡、計算が不得意な人にとっての電卓、直筆が苦手な人にとってのPCソフトなど）。

③ 「支援を使いながら自立する」ということは、生活を「大きなトラブルなく営めるように支援をうまく使う」、ということだと捉える。

　このような価値観をもって当事者に接すれば、発達障害のある人が自分の個性を認めやすくなります。また、自分の価値を認めることができるということは、支援を上手に使うための糸口になります。これ

は、発達障害だけでなく、すべての障害についても同じことが言えます。
　しかし、発達障害の場合はその特性が目に見えにくいため、どのような工夫や支援を利用したらよいのかがわかりづらい場合が多く、専門家に相談することが重要になります。

◎「自分の使い方」に目を向ける
　　―発達障害のある人のために

　発達障害と一口に言っても、個々の能力には差があります。そこでまず、自分にとって何が得意で何が不得意なのかを、親身になってくれる人と一緒に考えていきましょう。一人でこの作業をやってはいけません。大切なことは、得手不得手を自覚し、セルフコントロールできる（自分を上手に使える）ようになることなのです。

　発達障害のある人の特徴として挙げられる、物忘れや記憶違いをしょっちゅうする、感情のコントロールができず気まぐれである、すぐに飽きたり、よそに注意を向けたりしてしまう……といった特性は、実は「人間が人間であることの特徴」であるとも言われています。つまり、「人間らしさ」がほんの少し極端な状態になっているのが、発達障害であるとも言えるのです。

　ですから、発達障害そのものを治そうとすると（例えば、記憶違いを絶対にしないようにする等）、人間らしさを治そうとしてしまうことになり、無理が生じてしまいます。自分の使い方を考えるということは、極端な部分を緩めるにはどうしたらいいか、その特性を発揮してしまったときにどのようなフォロー方法があるのかを考えて生活の中に取り入れていくということなのです。

　仕事をするときにも、個人の特性と環境のマッチングは重要です。苦手な部分ばかりが目についてしまい、自分の価値を感じられない人は、悪い循環にはまりやすくなっています。つまり、苦手なことがある⇒できないことがバレると責められる⇒責められるのは嫌だ⇒苦手

なことを隠そうとする（相談しない）⇒一人でやって失敗する⇒自己評価が低くなる⇒苦手なことがあることを認めたくないという気持ちがわく⇒苦手なことを隠そうとする……という、生活を悪化させる連鎖が起こるのです。

　この悪循環を断ち切るためには、自分の得意なことや苦手なことを、客観的に見られるようになる必要があります。すなわち、苦手なことがある⇒相談する⇒適切な支援を利用する⇒良い結果が出る⇒自己肯定感を得る、という好循環を作り出すには、起点の「苦手なところ」を客観視することが大切なのです。もちろん、苦手なところばかりを見つめていては気持ちが落ち込むだけですから、併せて得意なところや良いところを見つける努力も必要です。繰り返しになりますが、親身になってくれる人と一緒に、自分の上手な使い方を探してみましょう。「なんだか少し人と違う」というところを、オリジナリティにできるようになれるといいですね。

余談ですが、日本人の人間観は、完璧人間像に偏っていると指摘する研究者がいます。簡単に言うと、頭をきちんと働かせればミスは起こさないはずだ、意思の力で自分をコントロールできるはずだ、感情は最適な状態に保つことができるはずだ、という人間観がはびこっているというのです。私たちは、この完璧人間像に自分を対比させ、至らない自分を発見して自己嫌悪に陥ることが多いのですが、そもそもこの人間像が適切なのかどうかについて、疑ってみる必要があると思います。その研究者は、人間らしい人間像として、次のことを挙げています。

・見まちがい、見落としをしょっちゅうしている。
・物忘れ、記憶違いばかりしている。
・論理展開の仕方を知っていても、論理的に考えない。
・独善的な意思決定をしてしまい、有力な選択肢を無視してしまう。
・意図とは違った振る舞いをしたり、予測できない振る舞いをする。
・すぐに飽きてしまったり、よそに注意を向けてしまう。
・すぐに怠ける。
・感情のコントロールができなくて、気まぐれである。

◎ サービスの使い方―すべての人のために

　就労や日常生活においてサービスを利用することは、社会生活や日常生活全体の状況を現状よりさらに良くすることに役立ちます。

　行政および民間の支援を利用しながらの自立を考える際には、福祉サービスを使うということも有効な選択肢です。どのようなサービスが使えるのかについては、相談窓口で知ることができます。

　その際には、
① 何に困っているのか？
② どうして欲しい（どうしたい）と思っているのか？
③ 今どのようなサポートを得られているのか（例えば親から、友人から等）？

を整理しておくと、相談しやすいでしょう。

　相談の窓口としては、
● 発達障害としての自覚がある場合には、発達障害者支援センターで相談する（そうでない場合には、障害者就業・生活支援センターに行くこともできます）。
● 障害者相談支援事業所で、生活のコーディネートやマネジメントを相談する。

という方法があります。

　医師の診断を受けていない場合には、相談した後に診断を受けることを勧められる場合があり、どこを受診したらよいかを教えてもらえます。

　また、発達障害がある場合には、障害者総合支援法によるサービスが受けられますので、市区町村に申請し、サービスの支給決定を受けることで、利用可能になります。居宅介護（ホームヘルプ）サービスを使って自宅の掃除等をしてもらうこともできますし、自立支援医療

（精神通院）の認定を受けると医療費の自己負担額が1割になります。

　サービスの支給決定を受ける際には、①市区町村からの障害支援区分認定調査があり、どのようなことに困っているのかを調査員に伝えます。調査の際には、相談支援事業所の相談員に同席してもらうこともできます。②医師の診断書を提出します。

　また、合わせて精神障害者保健福祉手帳の必要性の有無も考えましょう。手帳を取得すると、障害基礎年金を受け取ることができるので、生活費の負担が軽減されます。

　サービスを使う際には、「障害」という文言と向き合わざるを得ません。そのため前述のように、当事者による障害の否認が支援の拒否を招くということが起きやすくなります。障害のある人の自己肯定感を維持・向上させるにはどうしたらいいのかを考えながら、サービスの利用を検討していくと良いと思います。社会生活と日常生活は相互に関連しているため、ホームヘルプサービスの利用によって、日常生活が整って仕事に良い影響が出たり、不安が取り除かれることで生活全体が向上したり、ということが期待できます。

　日本の社会全体という視点で捉えたとき、失職者が生活保護受給者になる場合と、障害者福祉サービスを使いながら就職を継続できるのとでは、後者のほうが大きなメリットがあるのは明らかです。

　発達障害のある人の周囲にいる支援者、ご家族、同僚、上司の方々が、当事者がその障害特性ゆえの生きづらさ・困難を抱えていると判断された場合には、支援を受けながらの自立への筋道を提示し、本人が納得して次のステップを踏めるように手助けすることが大切です。

第2章

発達障害の診断

Q 医療機関を受診するのがよいのでしょうか？

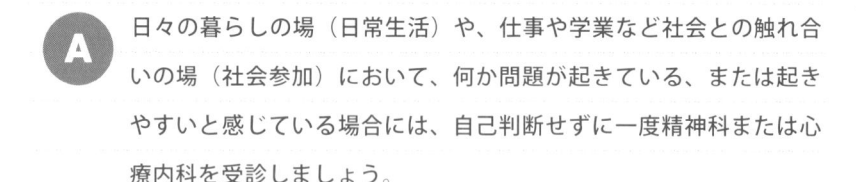

A 日々の暮らしの場（日常生活）や、仕事や学業など社会との触れ合いの場（社会参加）において、何か問題が起きている、または起きやすいと感じている場合には、自己判断せずに一度精神科または心療内科を受診しましょう。

最近は発達障害という言葉が巷にあふれています。そのため何か自分にとって解決しづらい問題が生じると、「もしかしたら自分にも発達障害があるのかも？」と疑う人が増えています。実際に、そういう疑問を解決しようという目的で精神科や心療内科を受診している人が増えていることも事実で、著者も外来でそういった質問を受けています。しかし、自分は発達障害ではないかと疑って医療機関を受診して、実際に発達障害だと診断された人は、全体の10％にも満たないとも言われています。つまり、自分で発達障害を疑っている人の多くは、実は発達障害ではなく、他の病気もしくは定型発達の範囲内だったりするのです。

なぜこういうことが起きているのでしょうか？　現在、発達障害という言葉は、最初に用いられた頃に比べ、はるかに広い意味で用いられています。その昔、ノイローゼという言葉がさまざまな場面で都合よく用いられた現象と似ています。そのため、発達障害以外の病気を原因とする症状により、日常生活や社会参加の場で問題が生じている場合でも、発達障害だと思い込まれているのです。その中には、例えば、てんかん発作の際に現れるAD/HD（注意欠如・多動症／注意欠如・多動性障害）と似た症状のように、早く診断を受けて治療すれば、症状や問題が解決

に向かう場合も少なくありません。発達障害か否かの判断は専門的な知識を有する医師などの治療者に任せるしかなく、さまざまな医学的な検査も必要になります。無駄な時間と労力を費やさないためにも、自分は発達障害ではないかと悩んでいる、もしくは上司や同僚から発達障害ではないかと疑われている場合には、自己判断せずに精神科または心療内科を受診しましょう。

（なお、受診してからの流れは『発達障害の人の面接・採用マニュアル』〔弘文堂，2013〕p.62 参照）

> **Column** 発達障害と間違いやすい身体疾患
>
> 　発達障害と間違いやすい症状が生じる代表的な身体疾患を挙げてみます。
>
> - **脳炎／髄膜炎／頭部外傷後遺症**―不注意や性格の変化など精神状態に影響があり得ます。
> - **てんかん**―不注意や多動、同じ動作の繰り返しなどさまざまな発作が起こり得ます。
> - **甲状腺機能亢進症／低下症**―過活動など活動性への影響、感情の起伏や性格の変化など精神状態への影響があり得ます。
> - **アレルギー性疾患**―皮膚炎や鼻炎などで集中力が低下し、不注意や多動などの症状が起こり得ます。
> - **慢性炎症性疾患**―膠原病などで過活動や性格の変化など、さまざまな精神症状が起こり得ます。
> - **糖代謝異常（糖尿病／低血糖）**―血糖の値により注意力の低下や過活動などが起こり得ます。
> - **中毒**―鉛中毒で過活動になるので健康食品などには注意が必要です。
> - **栄養の偏り**―鉄欠乏性貧血やビタミン不足などにより、不注意や感情への影響があり得ます。
>
> 　これ以外にも身体疾患の治療薬の影響で、発達障害と似たような症状が起こることがあります。
> 　自分で勝手に判断せずに、精神科または心療内科を受診し医師に判断してもらうようにしましょう。

Q 発達障害の診断ができる医療機関の探し方を教えてください。

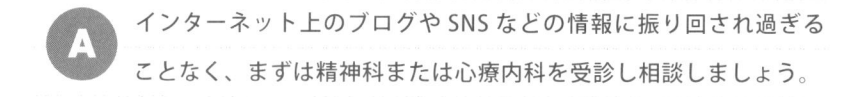

A インターネット上のブログやSNSなどの情報に振り回され過ぎることなく、まずは精神科または心療内科を受診し相談しましょう。

　現代社会はインターネットの爆発的な普及により、さまざまな情報が世界中に氾濫しています。また、各種ブログサービスをはじめ、mixiやTwitter、Facebookなどのソーシャル・ネットワーキング・サービス（SNS）の出現により、無責任な個人の意見を至るところに書き込め、閲覧できるようになりました。人は何か難しい問題を抱えて不安が募ってくると、頼りにできるものは何でも頼ろうとしてしまいます。「溺れる者は藁をも掴む」ということわざにある通りです。日々の仕事や生活の中で何か問題が起こると、大なり小なり不安が生じます。問題がすぐに解決すればいいのですが、うまく解決できない場合は、不安はさらに大きくなっていきます。不思議なもので、"こころの不安"のようにネガティブな性質を持つものは、それ自体が自己増殖する性質を持っています。
　皆さんの身の回りの機械や道具（例えばエアコンや冷蔵庫など）は、制御理論という論理によって自動的に制御され、円滑に働いています。この制御理論にはさまざまな理論（方法）が含まれますが、その一つにフィードバック制御という方法があります。ある道具や機械が一定の範囲内（条件）で安定して働くためには、その範囲を超えてしまったら元の範囲内に戻ってくることが必要になります。例えば、エアコンは一定の温度に設定しておけば、その温度より高くなれば低くしようと、反対にその温度より低くなれば高くしようとしますね。その仕組みの元にあ

る理論と言えばわかりやすいでしょうか？ このフィードバック制御には、ネガティブ・フィードバック（負のフィードバック）とポジティブ・フィードバック（正のフィードバック）の2つがあります（図1）。前者は範囲からはみ出した分を元に戻す働き（抑制）が、後者は範囲からはみ出した分がどんどんと大きくなっていく働き（促進）があります。

図1 フィードバック制御

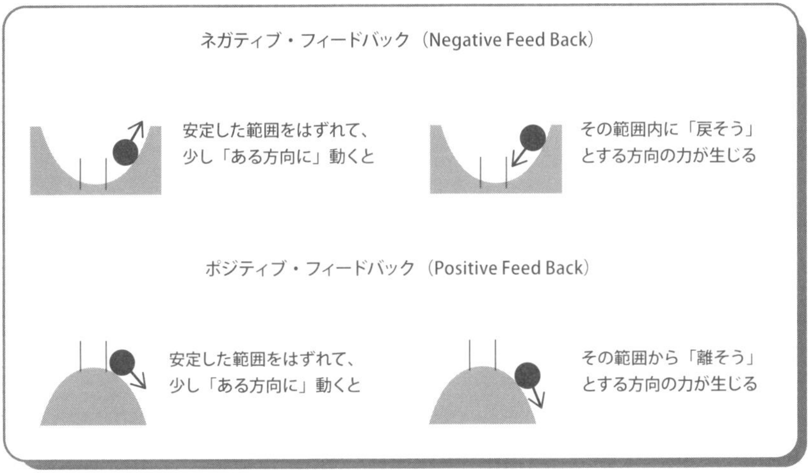

ネガティブ・フィードバック（Negative Feed Back）

安定した範囲をはずれて、少し「ある方向に」動くと　　その範囲内に「戻そう」とする方向の力が生じる

ポジティブ・フィードバック（Positive Feed Back）

安定した範囲をはずれて、少し「ある方向に」動くと　　その範囲から「離そう」とする方向の力が生じる

　人間には環境が変化しても一定の範囲内で働くために、この2つの仕組みが備わっています。通常、多くの場合はネガティブ・フィードバックにより制御されています。例えば、私たちは恒温動物なので暑い夏には汗をかいて体温が上がり過ぎないように調整しています。"不安"について考えると、"不安"はどんどん大きくなっていくので、ポジティブ・フィードバック（正のフィードバック）がかかると言えます。すなわち、不安が募れば募るほど不安はどんどんと大きくなり、最後は不安で自分自身が占領されてしまうのです。この状態になると、余裕をもって問題に向き合うことができなくなり、解決の糸口になりそうなものがあれば

何でも衝動的に手に取ってしまいます。そのような衝動的な行動はよい結果をもたらさないことが多く、結果として問題は悪い方向に進み、さらに不安が助長され、不安の深みにはまってしまうのです。

　医療機関を受診するのは、自分に何か問題（心身の症状以外も含む）があるときですので、同時に不安も持ち合わせています。そのため、不安が邪魔をしてしまい、自分の行動を適切に判断できなくなっています。そのような状況では、自分の問題を何とか早く解決しようと焦り、普段は無視するような根拠のない不確かな情報（例えばインターネット上の無責任な書き込みなど）も信じてしまう危険性が高くなります。ましてや、物事を見聞きした通りに理解し、その情報が正しいかどうかを判断しにくい発達障害の特性を持つ方々が膨大な情報の渦に巻き込まれてしまうとなれば、なおさらです。

　また、インターネット上には医療機関に関する不確かな情報もあふれており、どれを信じていいのか定型発達の人でも迷ってしまいます。治療者（医師、精神保健福祉士、臨床心理士、産業カウンセラーなど）との相性や治療効果の判断は、個人による差が大きいものです。安易に不確かな情報を信じてしまうと、治療者と会う前に先入観が形成されてしまい、治療者が理想化され、実際に受診した際の現実の治療者に落胆し、良好な関係性が構築できなくなる場合があります。これでは治療がうまくいくはずがありません。そうならないためにも、正確かどうか判断できない情報を収集し過ぎて頭でっかちになる前に、専門家である精神科または心療内科を受診し、そこで相談することをお勧めします。そこで相性が合えば、継続して診てもらえばいいと思いますし、相性が合わなければ、別の治療者を探せばいいと思います。幸運にも日本は公的医療保険制度においてフリー・アクセスが可能で、保険証が1枚あれば受診する医療機関を自由に選べます（日本以外の先進国では自由に受診でき

ません！）。情報に頼り過ぎることなく、自力で自分と相性のよい医療機関を探しましょう。企業によっては、今まで利用したことのある医療機関リストを持っている場合もありますので、産業保健スタッフが常駐している場合は尋ねてみましょう。

（なお、発達障害の診断ができる専門医については『発達障害の人が活躍するためのヒント』〔弘文堂，2014〕p.39 参照）

Column 日本の公的医療保険制度

　日本では国民皆保険の名のもとに公的医療保険制度が完備されており、かつ自分で自由に医療機関を選べる（フリー・アクセス）ため、一部の医療機関を除けば、保険証を持って自分の行きたい医療機関に行くと、ほぼその日のうちに診察してもらえます。

　日本人には当たり前のこの制度、実は世界的には極めて珍しい制度なのです。公的医療保険制度がなく、自費で医療費が払えない場合は治療を受けられない国、医療保険制度があっても一部の人しか加入できない国、決められた主治医以外は受診できない国、診察を受けるまでに何ヶ月間も待たされる国など、状況は国によりさまざまです。

　日本の医療は「3時間待ち3分診療」と批判されますが、それは皆保険でフリー・アクセスが保障されているからこそ起こり得る話です。皆保険制度を廃止する、またはフリー・アクセスを制限すれば3分診療が解消されますが、その代わり今のように自由に医療機関を受診できなくなります。少し待ち時間が長くても医療機関を自由に受診できたほうがいいのか？　それとも待ち時間がなければ自由に受診できなくてもいいのか？　今まで文句を言いながらも、自由に受診できる医療制度に慣れてしまっているため、これを手放すことには大きな抵抗を感じるのではないでしょうか。

　しかし、世界的にも、軽い症状や病気で医療機関を受診し過ぎていると批判されている日本人。国の医療費もかさむばかりですので、そろそろ自由な受診制度から抜け出す必要があるのかもしれません。その代わり、お金をかけずに健康が維持できる日常生活の工夫、例えば暴飲暴食を防ぐ、アルコールやたばこを控える、早寝早起きをするなど、生活習慣の改善に取組んでみてはいかがでしょうか？

　ただし、発達障害のある人は決められた生活パターンを変えるのは難しいと思いますので、その方が心身がより安定するということであれば生活パターンの改善を試みてみましょう。

Q どのように診断するのですか？

A 発達障害を診断できる検査は今のところありません。得られた情報すべてを用い、診断基準に照らし合わせながら多面的に診断しています。

　20世紀の終わり頃から脳科学は著しく進歩しました。これは、さまざまな分野における理論や技術の進歩に後押しされたものです。医学の分野では、CT・MRIといった画像検査の精度が向上し、検査結果を3Dで立体的に見られるようになり、診断や治療につなげることができるようになりました。3Dプリンターで作成された脳の模型を使って、患者さんの病変を手術前に立体的に医師が観察し、手術法を検討している様子をTVなどで見た人もいるでしょう。また、人工知能の進歩も著しく、しばらく前には「将来、診断ロボットが誕生し、医師が不要になるのではないか？」とまで言われました。今でも日々研究は続けられていますが、残念ながらロボット医師は今のところ誕生していません。

　このように脳科学は著しく進歩しましたが、発達障害を含む精神疾患を確実に診断できる検査は現段階では開発されていません。おそらく、人間が普段使っている脳の領域は全体のほんの一部だけですので、脳には想像を超える複雑な機能が存在し、それを人間が解明すること自体不可能なことなのかもしれません。

　しかし、最近では、例えば「光トポグラフィー検査」（近赤外光を使用して前頭葉の血流を測定し、脳の活動状態を可視化する検査）が登場し、統合失調症（p.42、Column 参照）、うつ病[*]、双極性障害（躁うつ病）[*]

の診断を客観的にできるのではないかと期待されています。また、この検査を用いて発達障害の診断もできるのではないかという研究も行われています。

その他にも、陽電子放射断層撮影（Positron Emission Tomography：PET）という核医学検査（ごく微量の放射性物質〔ラジオアイソトープ：RI〕を含む薬を用いて病気を診断する検査）をCTと組み合わせたPET-CT、脳の神経細胞の電気的活動が変化した際に生じる磁場の変化を計測する脳磁図、神経細胞の活動による脳の血流変化を測定する機能的磁気共鳴画像（機能的MRI〔fMRI〕）検査、動画上の視線の動きを追跡する視線計測・追尾検査（アイ・トラッキング）などにより、精神疾患を診断しようとする研究も続けられています。

とはいえ、精神疾患の一つである発達障害を確実に診断できる検査はないというのが現状です。そのため、発達障害は、患者本人や家族、同僚や上司などから得られた情報、さまざまな臨床医学的検査（脳波、CT・MRI、fMRIなど）や心理学的検査（性格・人格、知能、発達、うつ、不安、など）から得られた情報をもとに、専門家が知識と経験と診断基準を踏まえて多面的に診断します。何か一つの情報や検査結果があれば発達障害が診断できるとは決して考えないでください。

最近は、インターネット上に発達障害者用の自己記入式（質問紙法）心理検査（AQテスト）が公開され、それだけで発達障害が診断できるように書かれているサイトが見受けられます。そのような検査の結果が全く無意味というわけではありませんが、今まで述べてきたように、それ一つだけでは診断できません。問題がある場合は精神科あるいは心療内科を受診し相談するようにしましょう。

（なお、受診してからの流れは『発達障害の人の面接・採用マニュアル』〔弘文堂、2013〕p.62参照）

Column 統合失調症と発達障害

　発達障害のある人が統合失調症と間違えて診断され、治療されている場合があります。
　それは、統合失調症の前駆期に認められる、他者との関わりが保てない（社会性の欠如）、興味や信念が通常とは異なる、という点が、発達障害、特に自閉スペクトラム症の特性である「コミュニケーションと社会性の障害」と混同されてしまう場合があるからです。
　また、統合失調症の代表的な症状とされる幻覚や妄想は、うつ病などの精神障害でも認められますので、二次障害（もしくは併存症）の症状が強い場合に、幻聴や被害妄想として認められることがあります。
　なお、幻聴に関しては、他人から幻聴の有無について質問をされた際に、発達障害のある人が質問を言葉通りに解釈し、家の中で点いているテレビやラジオの会話を幻聴だと思い、「幻聴がある」と答えてしまうことがあります。また、妄想に関しては、発達障害のある人によく認められる空想（癖）を、妄想だと勘違いしている場合があります。どちらも発達障害のある人によく認められる現象（症状）ですので、こういった状況が生じうることを治療者は十分理解しておくべきです。
　統合失調症は、妄想気分という、自分の周囲が徐々に変貌し自分を蝕んでくるという、通常では理解し難い気分の変調が基礎にあり、それによりその人の何か（人柄など）がどことなく変化していくということに周囲が気づくことが特徴とも言われています。
　最近は統合失調症も軽症化しており、他の精神障害との鑑別が難しくなっています。統合失調症が疑わしいときは必ず精神科を受診し、医師に診断してもらうようにしてください。
　統合失調症は代表的な精神疾患ですが、100人に1人くらいの方が発症することがわかっており、決して珍しい病気ではありません。最近では、早期発見・早期治療を行うことにより予後がよくなるという研究結果も出ています。また、治療薬も一昔前に比べれば格段に進歩しています。さらに、発病する前から支援や治療を行い、統合失調症の発病自体を防ごうとする試みも始まっています。偏見を持つことなく、疑わしいときは早めに精神科を受診し、正しい診断のもとで早期に治療を開始するようにしましょう。なお、DSM-5では「統合失調症スペクトラム」という概念が導入され、統合失調症の診断基準自体も変更されています。詳しいことを知りたい方は、精神科領域の専門書を参照してください。

＊うつ病、双極性障害については『発達障害の人の面接・採用マニュアル』〔弘文堂, 2013〕p.45-46参照）

Q 診断を受けることは役に立ちますか？

A 問題の原因が発達障害にあるか否かの判断、薬物治療の際の処方箋の発行、診断書の作成等のためにも診断を受けることは有用です。

　最近流布している発達障害という用語は定義が曖昧なため、そこには多くの病気（原因）が含まれていると考えられます。病気（原因）によっては早期に診断し治療すれば、症状が安定もしくは軽快し、日常生活や社会参加が可能になる場合もあります。逆に、自己判断で発達障害が問題の原因だと決めつけ、間違った対応をしてしまい問題が悪化している場合もあります。後者のようなことにならないよう、医師に発達障害の有無を正しく判断してもらい、適切な治療を受けることが大切です。

　また、二次障害（もしくは併存症）により問題が生じている場合には、薬物療法や精神療法などの治療を必要とするときがあります。どのような二次障害（もしくは併存症）があるかを医師により正しく診断してもらい、適切な治療を受けることが重要と考えます。なお、薬物治療が必要な場合は、相談機関やカウンセリング機関ではなく、医療機関で医師の診断を受け、処方箋を発行してもらうことが必須です。

　さらに、仕事を休職するときや復職するときには、企業から診断書を提出するように求められます。特に発達障害などの精神疾患で休職した方が復職する場合には、業務内容を制限する必要があるかどうかを企業が判断しなくてはなりません。そのためには、より業務内容に即した診断書の提出が求められることもあります。反対に、一般枠での雇用や復職が難しい程に日常生活や社会参加に著しく支障がある場合、精神障害

者保健福祉手帳や障害年金などを申請する場合にも医師の診断書が必要となります。医師が診断をするためには、診察だけでなく必要に応じて血液検査や尿検査、心電図検査、CTやMRI検査、超音波検査などの臨床医学的検査、各種心理テストなどさまざまな検査を実施する必要があります。したがって、診断書の提出が申請の条件となっている制度を利用したいと考えている場合は、複数の検査が必要なことを十分考慮し、早めに医療機関を受診し、医師に相談するようにしましょう。

　なお、診断を下すこと、診断書を作成することは医師の判断に委ねられています。それは診断や診断書に関する一切の責任が医師の側にあるからです。そのため、患者さんが発達障害と診断して欲しい、診断書が欲しいと依頼しても、思うようにはいかない場合があります。そのようなときには、「ひどい医者だ！」と思われるかもしれません。しかし、何も理由なくして、そのような判断をする医師はいないはずです。そのようなときは、「なぜ診断できないのか？」「なぜ診断書を作成できないのか？」について医師としっかり話し合いましょう。きっと当事者の方々にとって役に立つ回答が返ってくると思います。冷静になって考えてみれば、患者さんに「発達障害だと思う」と言われ、何も疑わずに言われるままに診断書を書いてしまう医師の方がおそろしいですよね。

　自分の味方だと思っていた人が実はそうではなかった、ということは仕事だけでなく一般の対人関係でも時に起こることです。自分の言うことを素直に受け入れてくれる人＝いい人という考え方をすることだけは止めましょう。最後に辛い思いをしてしまうのは発達障害の人に代表される正直すぎる人です。少し辛いと思っても親身になって向き合ってくれる人と親しくなるようにしましょう。

　（なお、診断までの流れは『発達障害の人の面接・採用マニュアル』〔弘文堂, 2013〕p.62参照）

Column 合併症と併存症と二次障害の違いは？

　発達障害では「二次障害」という用語がよく用いられます。それ以外にも、「合併症」や「併存症」という用語を耳にすることもあると思います。これらの用語には、いったいどういう違いがあるのでしょうか？

　まず「合併症」と「併存症」について整理します。

　「合併症」は、例えば糖尿病の合併症としての糖尿病網膜症と言われるように、Ａ（ここでは糖尿病）という病気があるとした場合、Ａが悪化して別のＢ（ここでは糖尿病網膜症）という病気が発症した場合を表します。この場合、Ｂの発症とＡの存在には明らかな因果関係が認められます。

　一方、「併存症」は、例えば高血圧症の人が胃潰瘍を起こした場合のように、Ａ（ここでは高血圧症）という病気があるとき、それとは無関係のＢ（ここでは胃潰瘍）という病気が発症した場合に使われます。この場合、Ｂの発症とＡの存在には明らかな因果関係を認めることはできません。ちなみに、英語でも、「合併症」は complication、「併存症」は comorbidity と言い、両者は区別されます。

　次に「一次障害」と「二次障害」について整理します。

　「二次障害」は、例えば発達障害による困難を抱える人がいじめ続けられたために、うつ病となり引きこもってしまった場合のように、あるＣという障害状態（ここでは発達障害による困難）があり、それが原因となって新たなＤという障害状態（ここではうつ病による引きこもり）が生じた場合を言い、Ｃが「一次障害」Ｄが「二次障害」となります。この場合、Ｄの発症とＣの存在には明らかな因果関係が認められます。

　ここで障害状態とは、永久的もしくは一定の期間にわたり、心身の機能が低下し日常生活活動や社会参加が制限されることを言います。そのため「一次障害」「二次障害」という場合には、一定期間その障害の状態にあり、困難が継続していることが必要です。単に、抑うつ気味や不安な感じがするだけでは精神障害とは言えません。また、障害状態の定義は多様ですので、法律などの判断根拠に基づいて、その都度厳密に判断する必要があります。

　なお、障害状態が複数同時に存在することを「併存障害」と言いますが、二次障害と明確に区別されずに用いられることもありますので混乱しないように注意が必要です。実際、精神障害に分類される障害が２つ以上併存するとき、二次障害なのか併存障害なのか判断しづらい場合もあります。いずれにしても症状や問題があり、日常生活や社会参加が制限されていれば治療を受けるべきですので、精神科または心療内科を受診し、適切な治療を受けるようにしてください。

（なお、精神疾患の定義は p.53、Column 参照）

Q 治療により不都合な特性を軽減できますか？

A "不都合な特性"という表現が具体的に何を指しているかによりますが、不都合だという感じ方が少しでも改善し楽になる治療は可能と考えます。

"不都合な特性"が具体的にどのような問題を指しているのか、大きく2つの場合を想定し、お答えしたいと思います。

まず一つ目として、発達障害自体に起因する不都合さ、例えば融通が利かない、定型発達の人と比べ考え方にずれがある（いわゆる認知の偏り）、五感が敏感すぎて僅かな刺激に過剰反応してしまう（いわゆる感覚過敏）がある、イメージがわかない、などについては、具体的な対応方法を個別に検討していくことで不都合さが軽減される可能性があります。

ここで重要なことは、発達障害の程度は個々により大きく異なりますので、それに起因する不都合さ、つまり日常生活や社会参加の場で生じる問題も、個々により異なるはずです。そのため、誰にとっても有効な方法というのは存在せず、個々の状況に合わせて工夫していくしかありません。

また、すでにかなり工夫して自分なりに対応している人から、何も工夫できておらず苦しんでいる人まで、現在の問題の程度もさまざまです。したがって、その人が今置かれている状況を細かく確認し、個々の対応を工夫していくことが必要になります。ただし、治療の場で医師がすべてに対応する時間的な余裕は、残念ながら今の医療制度では確保できません。そのため、医師以外の専門スタッフ（精神保健福祉士や臨床

心理士、看護師など）が対応することも必要になりますので、対応できる専門スタッフが一人でも多くいる医療機関を探すことや、医療機関以外の支援機関（発達障害者支援センターや障害者就業・生活支援センターなど）の活用、職場適応援助者（ジョブコーチ）をはじめとする支援者づくりも視野に入れておくべきでしょう。

次に、二つ目として二次障害（もしくは併存症）に起因する不都合さ、例えば、うつがひどくおっくうで何もできない、不安が強くちょっとしたことですぐにパニックを起こす、辛さに勝てずに過食・アルコール・買い物などに依存する、などに対しては、一般的に用いられている治療方法－薬物治療、精神療法など－が役に立ちます。このような対応は精神科や心療内科が最も得意としているところです。ただし、発達障害のある人には、根本にある発達障害自体に起因する問題にも同時にアプローチしないと治療の効果が出ないことが多いと思います。治療を受ける際には、現在の症状だけを述べるのではなく、どういう点が不都合（問題）と感じていて、それがどういうときに出現する（している）のか、ということを細かく説明しましょう。

最近は、仕事をするということ自体が一つの大切な治療だと考えられるようになってきつつあります。そのため治療者も積極的に仕事による社会参加を発達障害の人にも勧めるようになっています。しかし、企業の担当者に同様の認識があるかと言えば、必ずしもそうではないというのが現状です。そのため、特に発達障害の人を障害者雇用枠で採用した場合には、非常に単純な作業だという理由だけで仕事が割り振られるのを目にします。この仕事が発達障害の人の特性に合わない場合には、全くやりがいのない仕事になってしまいます。仕事をすることを治療の一つにするためには、やりがいのある仕事が割り当てられる必要があります。これは定型発達の人でも同じだと思います。発達障害の人の適正に

合ったやりがいのある仕事が割り振られるように、企業の担当者にはお願いしたいのですが、企業には企業の事情があることも事実です。このような場合は、どうしたらやりがいをもてるようになるか、具体的な対応策を企業の担当者やサポートしてくれる方、治療者と一緒に考え、少しでもやりがいのある作業にしていくことが大切です。

> **Column** 発達障害の特性
>
> 　発達障害（特に自閉スペクトラム症）の症状として、専門書には、①コミュニケーションと社会性の障害、②こだわりなどの行動障害の2つが挙げられています。
> 　これらの症状が生じる大きな理由として、自分の興味（または好奇心）の対象であるか否かの白黒思考（悉無思考）という点が挙げられます。興味の対象となる人や物事であれば、定型発達の人から見れば考えられないほどのエネルギーを持ってその対象に取組みますが、興味の範疇でなければ、全く意に介すことがありません。
> 　この興味の対象が人（もしくは人の一部）の場合は、特定の人もしくは（人の）特定の部位に興味があり、相手が想定している内容とは大きくかけ離れたやり取りをしてしまい、意思疎通が図れず、コミュニケーションの障害と捉えられてしまいます。
> 　また、興味の対象が事物であれば、その物事に過度に集中してしまうため、特定の対象に対するこだわりだけが異様に強く、他のことは気にも留めないという行動障害と捉えられてしまいます。
> 　このような特性を持っていれば、定型発達の人が人物や事物に対して抱く興味とは根本的にかけ離れてしまいますので、社会性の障害と捉えられてしまいます。
> 　さらに、興味の対象以外に思考が働かないということは、それ以外に興味の矛先が向かないということになりますので、定型発達の人とは認知の方法も異なり、想像力や抽象的な物事の考え方は全く育たず、①や②の症状をさらに困難なものにしてしまうのです。ただし、このような興味の対象が限定されている状況は、発達障害の当事者からすれば至極当然のことですので、有無を言わさずに非難せず、まずは認めてあげることからスタートすべきだと考えます。
> 　発達障害の有無に関わらず充実した日々を送るためにも、一人ひとりの生き方が尊重される社会を全員が協力して作っていきたいですね。仕事においても興味の対象になるかどうかが重要になってきます。発達障害の人の特性を上手く見極めて、興味の対象に入るような工夫を全員で行っていきましょう。その際、周囲だけで判断してしまい、当事者本人が置き忘れられないように注意してください。

Q 病気以外のことにも答えてくれますか？

A 発達障害のある人の特性を考えた場合、発達障害という病気だけに焦点を当てるだけでは適切な治療はできません。病気以外のことも治療者に尋ねてみましょう。

　世の中で起こるさまざまな出来事が、大なり小なり病気の発症や症状に大きく影響していることは自明のことと思います。したがって、臨床の現場では病気以外のことにも対応しなくてはならない場合が多々あります。というよりも、人を診ていくためには、病気だけを診るのではなく、病気以外、すなわちその人が関わっているさまざまな事象の情報を念頭に置きながら診ていく必要があります。

　発達障害のある人は、定型発達の人に比べ、こだわりや認知の偏り、感覚過敏などの特性がありますので（前項参照）、病気以外の出来事に影響を受け、問題や症状が生じてしまう可能性がより高くなります。また、発達障害に対し、単に薬物治療や精神療法を繰り返していても効果が期待できない理由の一つに、この病気以外の出来事による影響があるからとも考えられます。

　したがって、発達障害のある人を治療するためには、定型発達の人を治療する場合よりも、より病気以外のことに対するアプローチが必要になります。このときに重要になるのは、病気以外の問題に対し治療者がどのくらい広い知識と経験を持っているかということです。知識だけあって経験がないことを"頭でっかち"という言い方をしますが、単なる知識だけで現実的な問題に対して適切な治療（対応）をすることは難

しいでしょう。かといって、経験だけあっても知識がなければ、やはり適切な対応はできないでしょう。つまり、発達障害のある人に適切な治療（対応）を行うには、病気以外の知識と経験を治療者が幅広く持っていることが要求されます。

　逆に、発達障害のある人も病気以外のことが自分の問題や症状に関係しているという意識を持っておくことが大切です。「こんなことは話さなくてもいいや」と自己判断してしまうのではなく、「話すべきかな？」と思ったら治療者に話をするようにしましょう。

　ただし、実際の医療機関で病気以外の問題に対し細かく対応するためには、看護師、精神保健福祉士、作業療法士、臨床心理士など医師以外の専門スタッフが果たす役割が大きいと思います。したがって、医師以外に、しっかりと対応できる治療者がそろっている医療機関を探してみましょう。

　仕事の内容について治療者に質問するときは、可能な限り仕事の具体的な内容について話をすることが大切です。単に事務作業や工場でのライン作業というだけでは治療者にはどんな仕事をしているのか理解してもらえません。より具体的に、どのような内容の書類をどうやって処理しているか（例えば、100枚程度の顧客管理伝票をコンピューター上のエクセルを使い、決められたシートに1行単位で入力するなど）、どのようなラインでどんな作業をしているか（例えば、1時間立ったままの姿勢でキャベツやレタスなどの野菜の芯を抜いて大きく切り、裁断機に投入していくなど）、その業務のどのような点に難しさがあるか（例えば、欠品の点検をするのに各部署で置き方がまちまちなので探すのに手間がかかり過ぎて処理しきれなくなってしまうなど）、を話しましょう。そうすれば、治療者もより具体的な対応方法を一緒に検討してくれると思います。

Column 治療者の役割とは？

　発達障害を含む精神疾患のある当事者と接するための基本やコツ（テクニック）が書かれた専門書はたくさんあります。そこには先人の叡智が豊富に詰まっており、読めば読むほど著者の力不足を痛感させられ申し訳なく感じます。
　ところで、医療者が患者から得なくてはならない情報とは何でしょうか？最近出版された米国の診断学の教科書には次のような項目が挙げられています。

・情報ソースとその信頼性（誰から得たか？　信頼してよい人か？）
・主訴（患者が医療機関を受診した一番の理由）
・現病歴と全身症状（医療機関を受診するまでの症状や問題の推移）
・既往歴（医療機関を受診するまでに罹ったことのある傷病と治療内容、アレルギー、予防接種、物質依存、食事、睡眠、サプリメント・鍼灸など補完代替医療の活用状況）
・健康の維持（健康を保つためにしていること、していないこと）
・仕事と環境の履歴（医療機関を受診するまでに就いた仕事、住んだ場所など）
・属性情報（氏名、年齢、性別、国籍・民族、宗教など）
・家族歴（家族・親族の健康状態、生死、病気、遺伝的な問題の有無）
・社会心理学的およびスピリチュアル的な履歴（育った環境、受けた教育、人間関係、趣味、信条など）
・性、生殖および婦人科に関する履歴（産婦人科の病歴だけでなく、性癖や暴力・〔性〕虐待の有無について）

　これらの項目を見ていると、医療者は患者の病気のことだけを考えていてもダメだということがよくわかります。いくつもの切り口からその人の状態を捉え、病気だけでなくその人の全体を把握していくことが求められています。つまり医療者に病気以外のことを相談しても、その人の問題にとって重要な関わりをもっていると考えられる事柄であれば、必ず対応してもらえるはずです。自分の問題となっていることが何なのか、躊躇せずにしっかりと医療者に伝えるようにしましょう。また、自分の興味のあることだけ伝えるのではなく、治療者から質問されたことに興味がなくとも、よく考えてしっかりと答えるようにしましょう。

　Medicine should begin with the patient, continue with the patient, and end with the patient.（Sir William Osler, Bt.）
　医学は患者と共に始まり、患者と共にあり、患者と共に終わる。（ウィリアム・オスラー）

Q **自分で確認できる方法はありますか？**

A 発達障害が自分で判断できるという謳い文句でインターネット上に検査が公開されていますが、診断は精神科または心療内科で必ず受けてください。

　定型発達の人にも、発達障害の人にも、発達における偏りは必ず存在します。そのような偏りが障害になるか否かは、日常生活や社会参加が障害されているかにより決まります（p.53、Column 参照）。つまり、ある程度の発達のデコボコはあっても、その人が自分なりの対処法を用いて問題なく生活できていれば、障害にはならないということです。逆に、発達のデコボコが小さくても、対処法が見つからないなどの理由で日常生活が送れなければ障害という位置づけになります。

　インターネット上に掲載されているさまざまな検査の中には、発達障害の診断にとって非常に重要で価値のあるもの（AQ テストなど）も含まれています。したがって、その検査を自分で実施し、検査結果を確認することで、自分は発達障害者だと確信してしまう人がいても不思議ではありません。しかし、２つの点でこれは間違った考え方です。

　一つは、すでに述べたように、この検査を受ければ発達障害が確実に診断できるという検査が現在ないことです。発達障害の診断は、さまざまな情報を集め、多面的に判断して初めて可能になります。正確な診断に至るのは専門家でも難しい作業ですので、一般の方が一つの検査で簡単に診断することはまず無理でしょう。

　もう一つは、自分が問題だと思っていることの原因が本当に発達障害

にあるのかどうかということです。精神疾患だけでなく、物事には必ず流行があります。発達障害という言葉も、今や流行語になっているとも言えます。そのような状況では、発達障害という言葉が頻繁にささやかれるため、何か問題を抱えると「自分も発達障害では？」と誰もが考えてしまうかもしれません。そして、そのような考えが浮かび不安になると、なかなかその考えを払拭できなくなります。そのため、問題の原因が発達障害でなくても、発達障害が原因だと思ってしまうのです。そのような方が自分は発達障害に違いないと診断しても、それは全く根拠のないものとしかなりません。

これらのことから、発達障害だと自分で判断することがいかに無意味かということがお判りでしょう。自己判断せずに、必ず精神科または心療内科を受診し、診断してもらってください。

Column 精神疾患の定義

少し難しい表現になりますが、精神疾患の定義を載せておきます。これを読むと、単に抑うつなどの精神症状があるだけでは精神障害にはならないことがわかります。発達障害があることで辛いことは多いと思いますが、自分で工夫する、他人のサポートをうまく利用するなどして活動や参加の幅が広げられる人は、精神障害と呼ばれない生活を目指すことも大切だと思います。

「精神疾患とは、精神機能の基盤となる心理学的、生物学的、または発達過程の機能不全を反映する個人の認知、情動制御、または行動における臨床的に意味のある障害によって特徴づけられる症候群である。精神疾患は通常、社会的、職業的、または他の重要な活動における意味のある苦痛または機能低下と関連する。よくあるストレス因や喪失、例えば、愛する者との死別に対する予測可能な、もしくは文化的に許容された反応は精神疾患ではない。社会的に逸脱した行動（例：政治的、宗教的、性的に）や、主として個人と社会との間の葛藤も、上記のようにその逸脱や葛藤が個人の機能不全の結果でなければ精神疾患ではない。」

出典：日本精神神経学会監修／髙橋三郎・大野裕監訳『DSM-5® 精神疾患の分類と診断の手引』医学書院, 2014.

第2章 発達障害の診断

Q 事務的な作業は向いていないと言われましたが？

A 事務作業に関わらず、どの仕事が適切かは個人の特性により異なります。一般的に言われている情報を鵜呑みにせず、支援者とともに仕事の向き不向きを検討しましょう。

　発達障害という言葉が広まるにつれ、発達障害のある人の得手不得手についても述べられることが増えてきました（本シリーズの既刊にも記載）。実際、発達障害といっても個人差が大きいため、何が得意か不得意かを、すべての発達障害に当てはまるよう言い表すことは不可能です。それと同じように、発達障害のある人に向いている仕事が何かを、すべての人に当てはまるよう言い表すことはできません。定型発達の人でも、人により向いている仕事と向いていない仕事があることは自明のことです（だからこそ世の中にはさまざまな仕事があり、それぞれの仕事が成り立っているのです）。したがって、発達障害のある人には事務的な作業が向いていないと一概に決めつけるのは明らかに間違っています。

　また、事務的な作業といっても、その意味するところは用いられる時と場合（『発達障害の人が活躍するためのヒント』〔弘文堂，2014〕の表現を借りれば TPO）により大きく異なります。単に伝票や書類を整理するだけの作業から、複雑な帳票を記入して仕上げる作業まで、実際の事務作業は多種多様です。また、場合によっては、来客対応、電話対応、従業員への対応なども含まれるかもしれません。このような多岐にわたる仕事が含まれている事務作業に対し、発達障害のある人が向いているか否かを、一律に判断することは無理だと思います。

先に述べたように、発達障害のある人でも得手不得手は人により異なりますので、事務作業の中でも、その人にとって向いている作業と向いていない作業があることになります。実際の仕事としてどのような作業を行わなくてはならないかは、その作業を行っている現場に行き、実際に作業をしてみない限りわかりません。これは定型発達の人でも全く同じです。つまり、事務作業が向いていないと決めつけるのは根拠のない一般論であり、実際の場面で行われている事務作業を、本人が実際にやってみるまでは判断できないと考えるべきでしょう。これは他の仕事にも言えることですので、このような都市伝説を一概に信じずに、まずは試してみることをお勧めします。

（なお、発達障害の人に適した職業、適していない職業は『発達障害の人の就活ノート』〔弘文堂，2010〕p.68-p.71 参照）

Column 仕事は何のためにするのか？

　本書のシリーズは発達障害と就労に関する問題を中心に取り上げています。就労の問題に限らず、発達障害のある人にとって有効な対応方法は、あらゆる人にとって役に立つ対応方法でなくてはならない、と言われています。それが真実であれば、発達障害のある人が就労するうえで考えておかなくてはならないこと、それはすべての人にとっても普遍的な問いである「何のために就業（仕事）をするのか？」という大命題です。

　あなたが仕事に就いているとしたら、それは何のためでしょうか？ 憲法に謳われている国民の三大義務の1つを果たすため、生活費を稼ぐため、時間つぶしのため、自分の夢の資金稼ぎのため、仕事をしていないと親や親戚がうるさいから、老後の貯蓄のため……など、多様な意見が出てきそうですね。世の中にはさまざまな仕事があり、人が働く理由もさまざまです。ここで覚えておいて欲しいことは、特定のある職業に関する悪いうわさ話は、その職業に就いてもうまくいかなかった人が流している話であることが多いということです。逆に、その職業に就いてうまくいっている人はうわさなどを流さず、静かに着実に仕事をして成果を出しています。

　「この仕事は自分に合っているだろうか？」と考えるとき、その職業に対して先入観があり過ぎないかどうかを必ずチェックしてください。また、ある仕事について相談するときは、その仕事にやりがいを感じている人に相談しましょう。"職業に貴賤なし、生き方に貴賤あり"。仕事をおもしろくするかつまらなくするかは、あなた自身にかかっています。

第3章

二次障害について

Q うつ病で通院していましたが、発達障害の可能性があると言われたのはなぜですか？

　うつ病は古くから有名な代表的精神疾患です。その理由の一つとして、うつ病を発症する人が多いことが挙げられます。最近の厚生労働省などの統計によれば、地域差はありますが、うつ病を一度でも経験したことのある人（生涯有病率）は 15 人に 1 人と言われており、性別では女性が男性の 2 倍程度多く、年齢では 40 歳代女性が増加傾向にあります。

　また別の理由として、自殺既遂者（自殺を試みて実際に亡くなられた方）が年間 3 万人を超えた期間が 10 年以上続く中で、精神科治療を受けていた自殺既遂者を対象にした調査において、うつ病などの気分障害が自殺の要因として特に重要であることが明らかになったという事実が挙げられます。

　その他の理由としては、しばらく前に「新型うつ」という俗称（精神障害の診断基準には「新型うつ」という診断名はありません）や「心の風邪」という安易な言い回しがマスコミを中心に流布したこと、現代の高ストレス社会に適応できず"うつ状態"で苦しむ人が増えたこと、映画などの影響でうつ病と診断されることに抵抗を感じない人が増えたこと、製薬会社が抗うつ薬を拡販するためにうつ病を身近な疾患として国民に啓蒙したこと、などが挙げられます。

　このような流れの中で、うつ病に関する知見が深まりましたが、発達障害がうつ病の直接的な原因と断言することはできません。一方、発達障害という概念が一般に広まるにつれ、発達障害に関する研究が進み、発達障害とうつ病との併存が多いこと、二次障害の中ではうつ病が多い

ことがわかっています。このような状況もあり、うつ病の患者さんを診察する際に、発達障害の有無をチェックする医師が増えてきており、発達障害の可能性を指摘されることがあるかもしれません。

　しかし、専門的な知識を十分に持ち合わせている治療者であれば、このようなトレンドに流されて発達障害の併存を示唆するとは考えられません。おそらく、患者さんとの会話の中で得られた情報（生い立ち〔生育歴〕、受けた教育〔教育歴〕、小さい頃の特徴〔発育歴〕など）、治療者が診察の場で観察した患者さんの様子（共感性や運動能力など）、画像検査（CT・MRIなど）・生理学的検査（脳波・光トポグラフィーなど）の結果、心理テスト（AQ〔自閉症スペクトラム指数〕・PARS〔広汎性発達障害日本自閉症協会評定尺度〕・WAIS〔ウェクスラー式成人知能検査〕など）の結果などから多面的に判断し、発達障害の併存を示唆したと考えられます。

　この機会に、治療者に自分の問題点をより細かく説明し、具体的な対応策について相談してみましょう。今までよりも問題が少し軽くなることで、うつ病の程度も軽くなる可能性があると思われます。

Column 気分障害とは？

> 　精神疾患の中で、感情や情動の変動（落ち込みや高揚感）が繰り返し長く続いてしまうものを気分障害と呼びます。
> 　気分障害は、抑うつ性障害と双極性障害に大きく分けられます。抑うつ性障害は、いわゆる"うつ病"といわれている「大うつ病性障害」と、比較的軽いうつ状態が長い間続く「持続性抑うつ障害」の2つに分けられます。双極性障害は、躁うつ病と呼ばれていたもので、双極Ⅰ型障害、双極Ⅱ型障害、気分循環性障害の3つに分けられます。いずれも、エネルギーに満ちた"躁状態"と、心身のエネルギーが枯渇した"うつ状態"を繰り返す病気です。Ⅰ型は正常な人より大きな気分の変動（うつ状態、躁状態ともに強い）が見られますが、Ⅱ型ではⅠ型よりも比較的軽い躁状態が見られます。気分循環性障害は、比較的軽いうつ状態と躁状態の繰り返しが長く続きます。なお、DSM-5[R]（『精神障害の診断と統計マニュアル』第5版）では気分障害という呼び方がなくなり、抑うつ性障害と双極性障害の呼称のみとなっています。

> **Column** 代表的な心理テスト

・AQ

AQとは、自閉症スペクトラム指数（Autism-Spectrum Quotient）の略称です。この尺度は、自己記入式で簡便に行えるため、自閉症性障害に当てはまるかどうか、その程度やより精密な診断を行うべきかどうかといったスクリーニングに使用できます。また、一般健常者の自閉症傾向の個人差を測定できるとされています。

発達障害と言うときは、自閉症性障害を指している場合もありますので、発達障害を疑うべきか否かの判断に最も広く用いられていると言えます。

・PARS

PARSとは、広汎性発達障害日本自閉症協会評定尺度（Pervasive Developmental Disorders Autism Society Japan Rating Scale）の略称です。広汎性発達障害児者の行動理解を深め、彼らの支援を可能にしていくために、日常の行動の視点から、平易に評定できる尺度を提供することを目指して開発されています。

主な調査領域は①対人、②コミュニケーション、③こだわり、④常同行動、⑤困難性、⑥過敏性の6領域で、57項目から構成されています。評定は、広汎性発達障害または広汎性発達障害が疑われる当事者（子ども、青年、成人）の保護者（母親や父親など）に面接して、専門家が行います。

・WAIS

WAISとは、ウェクスラー式成人知能検査（Wechsler Adult Intelligence Scale）の略称です。16歳以上に用いられる知能（IQ）検査で、言語性IQ、動作性IQ、全検査IQの3つのIQに加え、「言語理解」「知覚統合」「作動記憶」「処理速度」の4つの群指数も測定できます。

検者と対面式で実施される検査であり、1時間から1時間半ほどかかります。知的障害はもちろんですが、発達障害を含む他の精神障害の診断の補助のために用いられます。

この他にも、発達障害が疑われる人の症状（状態）に応じて行われる心理テストは複数あります。ただし、本文にも書きましたが、これらの心理テストの結果のみで発達障害の診断が下されるわけではありません。その点を十分理解してください。

Q 子どもの頃からご飯が食べられなかったり、ちょっと動くと疲れてしまったりすることがありました。子どもの頃からうつ傾向があったのでしょうか？

　これは非常に難しい質問です。子どもがご飯を食べられなかったり、ちょっと動くと疲れてしまったりする場合、それらには多くの原因が考えられます。

　例えば、生まれながらにして体力が他の子に比べあまりない場合、養育環境に問題があり十分栄養が与えられていない場合、発達障害とは限らない心身の病的な状態が併存していた場合、などです。どの原因が質問のような症状を引き起こしたのかを判断するには、次に挙げる情報が最低限必要になります。

- 妊娠から出産までの経過と問題（異常）の有無〔母子健康手帳〕
- 出産後の乳幼児健診の結果〔母子健康手帳〕
- 保育園（幼稚園）までの発育状況および養育環境
- 健康診断の結果（小学校以降）
- 教育歴（同上）〔通知票など〕
- 対人関係（同上）〔生活行動の記録など〕
- 課外活動への参加などの状況（同上）
- 家庭環境（同上）
- 就職後の健康診断の結果・業務の遂行や対人関係の状況
- 現在の家庭環境

などです。

　これらの情報を可能な限り確認し、現在の身体および精神症状、日常

生活活動や社会参加の状況を踏まえたうえで、さまざまな疾患の可能性を検討し、最も可能性の高い疾患の存在を疑います。その中に、うつ傾向を生じさせる疾患があれば、小さい頃からうつ傾向があったと考えてもよいと思います。

ただし、どのような病気であっても具合の悪いときはうつ傾向になりがちです（患者が一様に暗い顔をして診察に来ることがきっかけになり、ハンス・セリエ氏がストレス学説を提唱したことは有名です）。また、病気がなくとも生まれ持った気質や自分を取り巻く環境によっては、うつ傾向を示す場合があります。

したがって、質問にあるような症状があったとしても、うつ傾向かどうかは断言できませんし、もしうつ傾向だとしても、それが病気を原因とするものだと決めつけることもできません。また、発達障害があったと決めつけることもできないでしょう。もし、このような症状で悩んでいる場合は、まずは内科などを受診して相談するとよいと思います。

Column 子どもは大人のミニチュアでしょうか？

　子どもと大人を単純に比べて、子どもは大人が小さくなっただけと考えていませんか？　その考えは間違っています。子どもは大人のミニチュアではありません。子どもと大人は造りも働きも全く違っています。身体の機能を考えても、例えば、子どもの頃は全身の多くの骨の中（骨髄）で血球が作られますが、大人になると作られる場所は太い骨の骨髄に限られます。また、子どもの骨は大人と異なり、成長するための部分が軟骨という柔らかい骨でできています。このようにちょっと考えただけでも子どもと大人の違いはたくさん挙げられます。

　発達障害という呼び方を語句のままに理解すれば、ある時点の子どものままで止まってしまった状態のように捉えられがちです。しかし、発達障害の子どもも大人もそれなりに発達していきます。大切なことは、その発達をゆっくりと見守りながらサポートしてあげるということです。このとき、子どもの発達過程を知っておくことは役に立つことが多いと思います。

　発達障害のある人を理解できないと言う前に、自分にも子どもの頃があったわけですから、その頃を振り返りつつ、子どもの発達に関する本に目を通してみることをお勧めします。きっと何か自分自身にも発見があると思いますよ。

Q 発達障害の人には二次障害が多いと言われますが、どうしてでしょうか？

　二次障害とは、発達障害があることで、日常生活や社会生活を送ることが非常に難しくなり、かつ、その状態が慢性的に続くことで脳自体に問題が生じ、その結果として生じるさまざまな症状のことを指します。
　ここで重要なことは、二次障害として診断されるためには"日常生活や社会生活を送ることの難しさが慢性的に続く"こと、そして、その結果として"脳自体に問題が生じる"ことです。
　発達障害には、本人や周囲が気づくかどうかに関わらず、その基盤となる脳の異常（病変）が生まれつきもしくは乳幼児期から存在しています。したがって、発達障害が原因で何か問題が起きても修正は難しく、その問題が長期化し慢性化してしまう可能性が非常に高いということになります。また、発達障害自体が脳の異常（病変）を原因としているため、生まれながらにストレスに負けやすい（ストレス脆弱性）、もしくはストレスを跳ね返す力（レジリアンス）が弱い可能性が高いと考えられ、脳自体あるいはその働きに問題が生じやすいと言えます。
　つまり、発達障害のある人は、発達障害という病気が生じる原因そのものに二次障害が起こりやすい要因があると言えるでしょう。実際に発達障害が原因で何か問題が起きると、本人を取り巻くストレスは非常に強くなってしまうため、その状態が一定期間続けば、容易に二次障害が生じてしまうと考えられます。そもそも医学において「二次〇〇」「続発性〇〇」という表現を用いる場合は、前提としてその原因となる病気や問題があることが不可欠です。つまり、二次障害という言葉を用いた

時点で、何か前提となる病態が存在していることになり、それが発達障害のある人の場合は発達障害という病態であるということになります。

　これは私見ですが、発達障害のある人が抱えている、うつ、不安、問題行動などの病的な状態が、単なる併存症（p.45 参照）なのか二次障害なのかをしっかりと見極めることも、発達障害の診断や治療には必要な場合があると思います。というのも、人によっては病的な状態に逃げ込むことで問題を解決しようとしてしまい、根本的な解決から故意に自分を遠ざけようとするからです。仕事のうえで生じた問題は逃げるだけでは解決しない場合がほとんどですから、就労を継続するためにも、現実から容易に逃避することがクセにならないようにすることも大切です。

（なお、二次障害の詳細は『発達障害の人の面接・採用マニュアル』〔2013, 弘文堂〕p.45 参照）

Column 疾病利得とは？

　「疾病利得」という言葉をご存知でしょうか？　簡単に言えば、病気やケガが治らないでいた方が損より得が大きくなることです。

　専門的には、疾病利得には二つのパターンがあります。一つは、病気やケガの状態にあることにより治療者や養育者に依存できる場合。これを一次の疾病利得と言います。入院中に気になる異性の医療者がいる場合、退院をほのめかすと故意に病気を悪化させるようなことをする人がいますが、これが典型的な例です。もう一つは、病気やケガの状態にあることにより直接的な利益（金品）が手に入る場合。これを二次の疾病利得と言います。交通事故でケガをした後に、もう治療の必要がないにもかかわらず保険会社から保険金をもらえる限り入院や通院を続ける人がいますが、これが典型的な例です。

　両者とも実際に病気やケガに対する治療は必要だったわけですが、その治療の範囲を超えた利益を求めることは好ましいことではありません。発達障害のある人も、障害の程度によりさまざまな制度が利用でき、少しずつ生活しやすい環境が整えられるようになってきました。しかし、疾病利得が働いて、自分が得られる以上の利益を求めようとすることは好ましくありません。決められた範囲の中での適切な利用を心がけましょう。発達障害のある人の特性を考えると、的確な診断を受けた人はそういう行為は行えないと思いますので、診断が適切かどうかの判断にも使えるかもしれません。また、こういう利益を得ようとして無意識のうちに行動を起こしている人が世の中には大勢いることを知っておくこともある意味大切です。

Q 発達障害と二次障害のどちらの治療を優先すべきですか？

　二次障害とは、前項でも述べた通り、本来の発達障害に加え、適応障害、大うつ病性障害などのさらなる障害を発症してしまった状態を言います。

　この二次障害（p.63 参照）がある場合は、まずその治療（対応）を優先すべきと思います。というのも、二次障害の症状があるために、問題となっている原因が本当は何なのかがわからない場合も多い、と考えられるからです。うつが強く、おっくうで何もできない、不安が強く外出するのが怖くて外に出られない、精神的に不安定な状態が続き自分の感情がコントロールできない、といった症状は二次障害により生じている可能性が高いと思います。もちろん正しい判断は自分ではできませんので、精神科または心療内科を受診し、正しい診断のもとに的確な治療をしてもらいましょう。

　二次障害の治療を優先すると言っても、一次障害としての発達障害を全く放置しておいてよいというわけではありません。二次障害の原因の多くは元々の発達障害にありますので、二次障害の治療を行い症状がコントロールできるようになったら、発達障害自体に対する治療（対応）も行われるべきです。

　その際に重要なことは、発達障害のどの問題点に対して、どのタイミングで取りかかるかということです。二次障害の症状が強ければ取りかかることは難しいでしょうし、逆に機会を逸すると、また同じ問題が生じ、二次障害の症状が強くなってしまいます。このタイミングをどう計

るかは、症状や状況の微妙な変化を感じ取る必要があります。発達障害のある人は微妙な変化を感じ取ることが難しい場合があるので、医師や精神保健福祉士、臨床心理士などの専門スタッフに判断を任せたほうがいいでしょう。そのためには、主治医やその他の専門スタッフとの治療関係を継続し、お互いをよく理解している必要があります。良好な関係を築けていれば、どのタイミングで対応すればよいかをつかむことができ、的確に治療に取組めるでしょう。

　問題がなかなか解決しないと、すぐに主治医を変えたくなるものですが、お互いのタイミングがわかり、効果的な治療ができるようになるまでは同じ主治医と共に歩んで欲しいと思います。具体的にどのくらいの期間であれば、ということは明言できませんが、お互いを少しでも理解できるようになれば二次障害への治療（対応）が（もちろん発達障害への治療〔対応〕も）容易になることが多いと思います。

　（なお、二次障害の治療については『発達障害の人が活躍するためのヒント』〔2014，弘文堂〕p.42 でも述べています）

Column 障害への取組み方

　障害（者）が抱える問題に取組む方法として、以前は下図のような「医学モデル」に基づいたやり方が中心でした。このモデルを発達障害に当てはめると、例えば、発達障害がある→興味のある対象以外に目が向かない→コミュニケーションがうまくできない→対人場面の多い仕事ができない、という構図ができてしまい、根本にある発達障害が改善しないと対人場面の多い仕事ができないことになり、根本治療の方法がない発達障害などの病気（障害）の場合は対応できないことになります。

図1　WHO国際障害分類（ICIDH）（1980）の障害構造モデル「医学モデル」

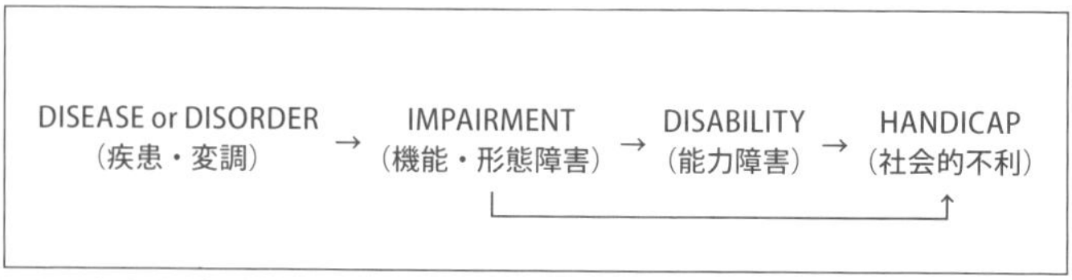

DISEASE or DISORDER　→　IMPAIRMENT　→　DISABILITY　→　HANDICAP
　（疾患・変調）　　　　（機能・形態障害）　（能力障害）　　（社会的不利）

このような考え方が現実にマッチしていない場合、または発達障害のように治療方法が確立されていない病気の場合は治療（対応）できないなどの反省に基づき、現在WHO（世界保健機関）では国際生活機能分類の「社会モデル」が提唱され、このモデルに基づいた対応が主流になっています。

　例えば、先程と同じ問題も、対人場面の多い仕事ができない（図2：「参加」）のは、発達障害がある（「心身機能・身体構造」）からという理由だけではなく、二次障害としての不安障害が強い（「健康状態」）、対人場面での会話スキルを知らない（「個人因子」）、対人場面の業務の際のサポートがない（「環境因子」）、家の中でもあいさつができない（「活動」）といった理由があるからだと考えられます。このように問題を生じさせている要因を細かくリストアップし、一つひとつの対応法を検討していけば、問題が解決する、もしくは今よりも対応できるようになることがわかります。

　このように障害（者）を単に障害があるから○○ができないと捉えるのではなく、○○をできなくさせている要因（因子）を探していき、○○ができるようにするにはどうしたらいいか、という視点で考えることが大切です。また、個々の障害（者）により各因子は異なりますので、一般論よりも個々の問題に基づいた対応を検討することの必要性も理解しやすくなると思います。

　発達障害のある人への対応方法を考えるときもこの視点を忘れずに、個々の問題に対して少しでも改善できる方法を探って欲しいと思います。なお、この「社会モデル」は「医学モデル」を全面的に否定するものではありません。例えば、風邪をこじらせて気管支炎になり仕事ができないときは、気管支炎の治療を行うことが問題解決には不可欠です。このように、その時々の状況に応じて上手に使い分けることが大切です。

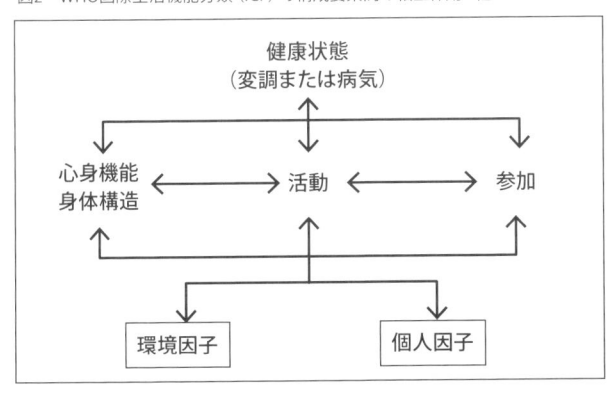

図2　WHO国際生活機能分類（ICF）の構成要素間の相互作用「社会モデル」

第3章　二次障害について

Q 薬は減らすことができますか？

　発達障害で薬物治療が必要となるのは、多動に対して薬物を使用する場合を除くと、二次障害（もしくは併存症）に対して用いられる場合がほとんどです。というのも、発達障害そのものを治療する薬物は今のところ開発されていないからです。

　前者、すなわち多動に対して薬物を用いている場合、その効果や副作用、服薬を守れるかどうか等を慎重に判断し、薬物治療をどのような方法で続けていくかを検討する必要があります。したがって、薬物の量をどうするかという判断も、自分勝手に行うことなく、主治医としっかりと話をして決めていくことが必要です。後者、二次障害（もしくは併存症）に対して薬物を使用する場合は、どのような症状に対して、どの薬物をどう用いているかが重要です。薬物治療が必要と主治医が判断したということは、それ相応の症状や問題が生じていたことになります。

　そのため、薬物を減らしたり、中止したりすることで、薬物を処方するきっかけとなった症状や問題が再燃してしまわないかを慎重に判断することが必要になります。したがって、薬物の量をどうするかという点についても、主治医としっかりと話をして決めていくことが必要です。

　ただし、二次障害（もしくは併存症）に対する薬物は、発達障害に起因する問題への取組みにより、症状や問題が軽減もしくは消失すれば、薬を減らす、もしくは中止することが可能になります。症状や問題が軽減しているかどうかの判断は、発達障害のある人ご自身では難しい場合も多くみられますので、この点についても主治医の判断を仰いでくださ

い。この際、ご自身での判断が偏っている場合や適切に判断できない場合もあると思いますので、家族や信頼できる上司・同僚に評価してもらい、診察の場に同席してもらいながら主治医と話をしていくという方法を試みてもよいでしょう。

（なお、二次障害の治療については『発達障害の人が活躍するためのヒント』〔2014，弘文堂〕p.42 でも述べています）

Column 服薬コンプライアンス（アドヒランス）

　皆さんは処方された薬を決められた通りに服用（使用）していますか？ 医療者は薬を処方しても、実際に患者が指示通りに服薬しているか否かまで監視はできません。入院中など医療者が服薬管理をしている場合以外、どのように服薬するかは基本的に患者の判断に任されています。

　薬を決められた通りに服用できているかどうかを表す言葉として「コンプライアンス」という用語が使われます。元々の意味は、何かに従うという英語の comply にありますので、指示通りにという意味をそのまま薬剤使用に用いた用語です。医療者は患者に薬を処方した場合、原則決められた通りに服用しているという前提で判断しますので、指示通りに服用しない―コンプライアンスが悪い（と言います）―場合は、判断ミスをしてしまうことになります。

　市販薬（最近は OTC 薬〔over the counter medicine/drug〕とも呼ばれる）の場合は、コンプライアンスが悪くても生命に関わる問題は起きにくいですが、医師から処方された薬（処方薬）の場合は、使用方法を間違えると命を落とすことになりかねません。医療者も薬を適切に使用しているか必ず確認する必要がありますが、患者側も薬を決められた通りに服用していない（できない）場合は、その理由も含めて正直に治療者に話すことが必要です。また、そういう話ができるような人間関係を結べるように治療者と患者が協力することも重要です。今やさまざまな薬が開発され、使用方法も多様化していますので、決められた通りに服用できない場合は、自分に合った薬を探せます。発達障害のある人の特性を考えると、薬を決められた通りに服用しないケースは少ないと思いますが、反対に治療者が思ったような効果が出ずに都合の悪い効き方（副作用）しかしていない場合でも、薬を止められない人が多いのではないかと心配になります。

　薬物を処方されて医師や薬剤師の説明と異なる効き方が出現したり、具合が悪くなったりしたときは、遠慮せずに医療機関や薬局に問合わせるようにしましょう。なお、最近ではコンプライアンスという用語の代わりに、アドヒランス（英語の adhere〔二つの物がくっつく〕）という用語が使われることがあります。治療成功の鍵は患者自身が積極的に治療へ参加することが大切という意味が込められており、まさにここで述べたことを言い表した用語ですね。治療者は両方を使いますので覚えておきましょう。

第 3 章　二次障害について

Q 復職できると判断する見極めを教えてください。

　復職の判断に際し、医師として最も重視することは、体力の面で十分に回復しているかどうかという点です。身体疾患でなくとも、一定期間仕事をしていないと自分が思っている以上に体力は低下しています。逆に、毎日仕事をしているときは、予想以上に体力を消耗しているのです。元気なときは何気なくやっていること、例えば電車での通勤や単なるデスクワークでも相応な体力を使っているのです。

　また、仕事中に知らず知らずに受けているストレスは思っている以上に大きいため、このストレスを適切に処理していくにも十分な体力が必要です。さらに、勤務時間を通して仕事をするためには、「気力」と「集中力」が欠かせません。この気力と集中力を保つためにも十分な体力が必要になります。つまり、体力の回復が十分か否かは、復職を成功させる最大のカギと言ってもいいでしょう。

　次に重要なことは、認知機能（自分の周囲の状況や変化を正確に捉える力）がどの程度回復しているかの確認です。仕事をトラブルなく行うためには、集中力、記憶力、適応力が十分に回復していなくてはなりません。休職中は日常生活の課題と向き合うだけですので、自分が慣れた方法を用いれば、生活することは可能です。そのため、これらの機能が低下していることを本人が全く気づいていない場合をよく見かけます。この状態で復職してしまうと、仕事に集中できず、ミスや事故につながりかねません。また、病気や問題がどの程度回復したのかを本人が正確に認識するためにも、認知機能の回復は必須と言えます。確認方法は職

場により異なりますが、一定の質問項目に回答させる、非常に簡単なタスクをやらせてみる、などの方法でチェックし、認知機能の回復状況を判断します。

　体力面と認知機能面の2つが確認できたうえで、原因となった病気や問題がどの程度解決しているかを確認します。病気であれば、どの程度よくなった（コントロールされた）のか、治癒したのか、今後も継続した治療が必要か、再度入院や手術が必要になるのかなどを主治医の診断書等と合わせて確認します。このときに大切なことは、主治医からの診断書を鵜呑みにせず、直接本人と面談し病気の詳細と合わせ、日常生活活動がどの程度可能かも確認します。往々にして本人はとてもよくなったと感じていることが多いので、日常生活における具体的な事項、例えば食事の回数や量、睡眠の量（時間）と質、入浴・洗髪の可否などを一つひとつ確認し、本人の認識とのズレがないかをチェックします。

　病気ではない問題が休職原因であった場合には、その問題がどの程度解決されたかと同時に、その問題に対して本人がどのような意識改革を行えたかも確認します。特に対人関係の問題は意識改革を行うのが難しく、かつ配置転換など組織内での調整ができない場合も多いため、本人が問題をどう捉えているかも合わせ、問題に対する認識の状況を慎重に確認します。

　発達障害のある人が復職する場合も基本的な判断は同じです。ただし、発達障害自体が治癒することはないので、休職の原因となった症状や問題がどの程度解決されたかを確認することになります。このとき、個々の特性により判断の基準も変わると思いますが、仕事を行うためには一定以上のレベルに回復している必要があります。ただし、この回復レベルは仕事の内容により異なります。自分がどの程度回復したら復職できるのかは、職場によっても異なりますので、主治医のほか上司や専

門スタッフと連絡を取り合いながら、スムーズな復職を目指しましょう（『発達障害の人が活躍するためのヒント』〔2014，弘文堂〕p.45 参照）。

> **Column** 主治医・産業医・人事、それぞれの判断の違い
>
> 　主治医の判断、産業医の判断、人事の判断の違いについては、よく尋ねられる質問ですので、再度ここでまとめておきたいと思います。
> 　まず主治医の判断ですが、基本的に治療している傷病がどういう状態にあるのかに基づいて判断します（臨床医学的判断）。就労を含めた日常生活については、治療状況を踏まえてどこまで可能かを判断します。人事もしくは職場の担当者からすればもう少し詳しい情報が欲しいと思う場合が多いかと思いますが、あくまでも治療の場においてのみ得られた情報からの判断になりますので、担当者の期待にそぐわない場合も多いでしょう。
> 　次に、産業医の判断ですが、担当している組織（企業、学校など）の中で、就労が可能な状態か否かを医学的に判断します（産業医学的判断）。産業医自身がどこまで組織に関わっているかにより判断できるレベルは異なりますが、あくまでも主治医から得られた情報と本人や職場から得られた情報をもとに、就労可能なレベルを判断します。ただし、あくまで医学的な判断をするだけですので、職場としての最終決定にはなりません。
> 　最後に、人事の判断ですが、主治医と産業医の判断をもとに、最終的に就労を許可するか否か、許可するとしたらどういう条件を付与するか、という最終決定を就業規則や法律等と照らし合わせて下すことになります（組織的または雇用主的判断）。この決定は組織としての最終決定ですので、経営員レベルでの稟議（決裁）が行われ、正式な辞令が交付される場合もあります。当然ですが、この決定を組織で働く人（従業員や職員）は無視することはできません。
> 　このように並べると主治医、産業医、人事の間には一定の隔たりがあることがわかると思います。よく「主治医はよいと言ったのに…」、「産業医はよいと言ったのに…」という発言が聞かれますが、それぞれの立場において判断を下す根拠も異なりますので、判断の内容に違いが生じるのも当然でしょう。
> 　発達障害のある人は見た通り、言われた通りに判断しますので、一度言われたことをひっくり返されるような対応は、本人の混乱を招くばかりでよいことは一つもありません。この点をしっかりと理解し、それぞれの立場で、本人が混乱をきたさないような伝え方をすることが重要だと思います。

発達障害のピアサポート

NPO法人 発達障害をもつ大人の会（DDAC）　広野ゆい

　最近になって当事者同士が支えあうピアサポート（セルフヘルプグループ）の活動が注目されるようになってきました。大人の発達障害の問題がメディアに取り上げられる機会も増え、発達障害ではないかと自分で気づいて悩む人は増えています。また発達障害と診断されたとき、この先どう生きていけばよいかわからず不安になる人もたくさんいます。そのような場合、近くに気軽に参加できるグループがあることで救われる人は多いでしょう。

　発達障害のある人が自主的に行っているセルフヘルプグループの活動は15年ほど前から始まっていました。当時はアスペルガー症候群やAD/HDが「発達障害である」という認識はなく、また診断できる医師も全国に数えるほどしかいなかったため、インターネット上での情報交換から始まり、全国各地で小さなグループが作られました。著者が始めたグループ「関西ほっとサロン」もその一つです。2002年に活動が始まり、今年で13年目に入ります。

　最初は家庭生活や人間関係の悩みの共有を中心としたサロンや、片づけの勉強会を行っていました。2005年、発達障害者支援法が施行され、全国に相談窓口ができると、当事者やその家族からの相談や問合わせが増え、月に1度のグループだけでは対応できなくなりました。そのため、2008年には「発達障害をもつ大人の会」を立ち上げ、当事者による相談窓口を開設しました。

　さらに、その年のリーマンショックから始まった不況の影響で、今

度は、発達障害と診断された若者や家族からの就労に関する相談が急増しました。それまでなんとかアルバイトや契約社員で働けていた人も雇い止めやリストラにあい、次の仕事が決まらないことや決まってもすぐに辞めさせられてしまうことで、うつやひきこもり状態になっている人が少なくありませんでした。

このような経緯を改めて考えると、大人の発達障害の問題は単に個人の問題ということではなく、社会環境が作り出している社会全体の問題ということも言えるのではないかと思っています。

◎ 大人の発達障害の問題

著者が発達障害の診断を受けたのは30歳のときでした。同時にうつ病とも診断されたのですが、自分自身は「うつ病だ」と言われ、大変驚きました。このように子どもの頃に発達の凸凹を見過ごされて大人になった人たちは、生育環境において特性に合った理解や配慮を受けられず、失敗経験や叱責を積み重ねて今に至っています。結果として多くの当事者が大人になっても自尊心の低下などに悩み、二次的に生じる精神疾患や併存症などのさまざまな問題をかかえ、社会適応をさらに難しくしているのが現状です。

2010年からは発達障害で精神障害者保健福祉手帳が取得できるようになるなど、福祉サービスを受けられるようになりました。しかし、さらに増え続ける大人の発達障害に対応できる医療機関や支援機関はまだまだ少なく、必要な支援を受けることが難しい状況が続いています。

突然病気になる、障害を持つということは誰でも大きなショックを受ける出来事です。特に大人の発達障害では、20代や30代、またはそれ以上になってから気づいたり、人に指摘されたりして診断される

ことが少なくありません。しかも、他の病気や中途障害と違って診断される前と後とで自分のもともとの特性が変わってしまうわけではないのです。

　自分が発達障害だとわかったとき、「ほっとした」「納得した」という人も多くいます。しかしこれからどう生きていけばよいのかと考えるととても不安になり、孤独感でいっぱいになるでしょう。時にはそれまでの失敗や否定された経験が次々と思い出され、押しつぶされそうになってしまうかもしれません。そして、それを周囲の家族や友達に話しても、なかなかわかってもらえないことがほとんどです。

図　診断を得られたときの気持ち

項目	割合
ほっとした	約73%
嬉しかった	約27%
理解ができなかった	約10%
納得した	約66%
不安になった	約21%
困惑した	約17%
絶望的になった	約7%
特に何も思わなかった	約7%
その他	約14%

出典：発達障害をもつ大人の会（DDAC）『大人の発達障害の生活実態調査』（2003年）

◎ 発達障害のグループで得られるもの

　発達障害のセルフヘルプグループでは、このような体験や気持ちを共有するということが出発点になります。同じ体験や思いを持つ仲間と出会うことによって、孤独感や不安感から解放される。そして自分らしく生きる力を取り戻すことができる。それがセルフヘルプグループの目的です。

　同じ特性を持っていても、人によって状況や悩みはさまざまです。

診断を受けたほうがいいのか、どんな薬が効くのか、障害者手帳を取るとどうなるのか、障害者枠の就労は実際どんな感じなのか。このような悩みのすべてを解決できるわけではありませんが、同じ特性の仲間の体験的知識が役に立つことは多いでしょう。時にはいろいろ話を聞きすぎて混乱することもあるかもしれませんが、仲間の体験を聞くときには、自分のよりよい生活につながる情報や考え方を自分で選び、決めていけるようになることが重要です。

　また、グループに参加することで自己理解を深め、社会適応能力を高めることができます。発達障害の特性がある場合、客観的に自分の特性がわかるようになるのにとても時間がかかります。同じ診断名でも特性や困難は人それぞれです。例えば、コミュニケーションをとることが苦手、あるいはミスや不注意が多いということも、人によって程度も違いますし、できる仕事の内容や対処方法も異なります。
　さらに、今までは失敗したり怒られたりしても、その理由がわからずに生きてきた人がほとんどです。いろいろな特性を持つたくさんの仲間と関われば関わるほど、自分にどんな特性があって、程度はだいたいどのくらいで、どうすれば対処できるのかということがわかってきます。また、自分のことを上手に周囲にわかってもらう方法も、仲間の体験を踏まえて一緒に考えたり練習したりすることができます。

　特に仕事をするうえでの工夫や考え方、自分の特性の伝え方については仲間の体験談が役に立ちます。発達障害をもつ大人の会では、2014年10月に「発達凸凹100人会議」を行いました。この会議で出た職場での工夫やトラブルの対処方法をまとめ、「発達凸凹活用マニュアル」を作成し公開しています。

発達凸凹と企業をつなぐコンサルティング事業
『発達凸凹活用マニュアル』
(http://consul.piasapo.com/manual-form)

100人会議の様子

◎ 発達障害があってもよりよい人生を送る

　自分に合った治療や支援が受けられることも重要なことですが、同じ特性や生きづらさを持つ仲間ができることは、今後生きていくうえでの大きな支えになります。ありのままを受け入れてもらえる居場所があることで、自尊心や自己信頼感が回復します。自己信頼感とは、できないこともできることも、ありのままを受け入れても大丈夫、と思えることです。さらに自分の体験が仲間に受け入れられ、生かされることによって、そのままでよいと思える自己肯定感が育ちます。

　このような同じ特性を持つ仲間が支えあうピアサポートの活動は、今後も全国に広がっていくでしょう。そうなることで発達障害があっても一人ひとりの特性が生かされ、よりよい人生を送っていけるようになるのではないかと思っています。

コラム　発達障害のピアサポート

第4章

うつのリワーク

復職に向けて

✓ 支援機関の紹介と活用のすすめ

　発達障害や精神障害のある人が疾病の治療などのために長期休業や休職、もしくは離職した場合、自身の疾病を抱えながら自分一人で職場復帰の準備をしたり、就職活動をしたり、就労継続することはとても大変です。社会には、発達障害や精神障害を抱えながら、復職や再就職を目指す方々にとって有用な資源が多くあります。一人で頑張らずに自分に合った資源をうまく活用し、円滑な社会復帰と就労継続を目指してもらいたいと思います。そこで本章では、発達障害や精神障害を抱えながら社会復帰を目指す人にとって有益な社会資源である復職支援（リワーク支援）機関と就労支援機関の実際を、より具体的にイメージしてもらうために、著者が勤める株式会社リヴァの取組みを中心に紹介します。

✓ 株式会社リヴァの取組み

　株式会社リヴァでは、うつ病などの人を対象にした復職支援と再就職支援を行っています。2015年現在、復職支援施設として2拠点（「オムソーリ高田馬場」「オムソーリ御茶ノ水」）、再就職支援施設として1拠点（「ハビトゥス市ヶ谷」）を設けています。利用者の多くは抑うつ状態を呈しており、代表的な診断名は、うつ病、双極性障害、適応障害、不安障害などです。ただし、これらの疾病の背景には発達障害が疑われる人や二次障害としてこれらの疾病を診断されている人も少なくありません。

休職・休業から復職に向けて

　十分な休息と服薬の結果、体調や生活リズムが安定しても、それだけでは、職場復帰は難しいと言わざるをえません。なぜなら、職場と日常生活では、ストレス（刺激）の量や種類も異なり、両環境との間には大きなギャップがあるからです。

図1 復職までの道のり

＊職場復帰に関して、主治医から「復職可能」の判断が出ていても、主治医は「就労（職務遂行）能力」を判断するのが難しい立場にあることを留意する必要があります。主治医と相談しながら、あせらずに段階を踏みながら進むことがポイント。

　生活リズムが整い、健康時と同じような日常生活が送れるようになったとしても、就労に耐えうる体力や職場でのストレス耐性およびストレスマネジメントが不十分な場合、結局は適応できずに再発・再休職することも珍しくありません。したがって、焦って復職するのではなく、復職後も再発・再休職せずに働き続けられるような状態に回復してから復職することが大切です。自宅療養後、職場復帰する前段階で復職支援施設などの社会資源をうまく活用して、無理のないスムーズな職場復帰と就労継続を目指すことが望ましいと言えます。

第4章　うつのリワーク

Q 復職支援（リワーク支援）施設とは、どんなところですか？

A 復職支援施設とは、うつ病などの精神疾患で休職している人を対象にした職場復帰の支援機関です。

復職支援施設は、運営機関によって大きく3つに分けられます。
①病院やクリニックなどの医療機関が運営している支援機関
②独立行政法人などの行政機関が運営している支援機関
③株式会社やNPO団体などが運営している支援機関

復職支援施設「オムソーリ御茶ノ水」の実際

● 利用対象者、利用条件、利用料金

表1 「オムソーリ御茶ノ水」での障害者総合支援法に基づくサービス

対象者	うつ病などの気分障害のある人 　＊障害者手帳を持っていない人でも利用可能
利用条件	・職場、社会に復帰したいという意欲があること ・主治医の了承を得られていて、連携可能であること ・入所申込み時点で復帰まで3ヶ月以上の期間があること 　＊地域によって、利用制限あり
利用料金	850～1000円／回（無料の場合もあり） 　＊前年度の課税所得による（所得に応じて負担上限月額あり） 　＊詳細は、厚生労働省のWebサイト「障害者の利用者負担」を参照

● プログラム内容（例）

体調が安定してくると「これ以上、職場や家族に迷惑をかけたくない」と言って、一刻も早い復職を望む人が多くいます。一方で、長い間休職

をしていたために職場復帰に対して強い不安がある人もいます。スムーズな復職を果たし、その後も元気に働き続けるためには、この時期に急いで復職するのではなく、まずは作業能力や体力を回復させること、再発しないためのスキルを習得すること、自信を取り戻すことが必要です。

表2 「オムソーリ御茶ノ水」プログラム内容（例）

	月	火	水	木	金	不定期
午前	オフィス系ワーク	オフィス系ワーク	ウォーキング	農地体験	集団認知行動療法	・トラブルシューティング ・キャリアデザイン ・自律訓練法 ・音楽療法 ・森林療法 ・OBOG会イベント
午後	アサーショントレーニング	疾病理解	グループワーク	農地体験	スポーツ	
		ウォーキング			個別面談	

「オフィス系ワーク」では、PCスキルやプレゼンテーションスキルなどの実務力の確認や回復、スキルアップを目指します。「グループワーク」「アサーショントレーニング」では、集団の中で職場を意識しながら他者と関わっていくことで、ビジネススキルやコミュニケーションスキルに関する自己理解と他者理解を深めます。「疾病理解」「集団認知行動療法」では、疾病の特徴を把握したり、自分を苦しめる思考や行動に変化を働きかけていくことでストレス対処の方法を習得していきます。「農地体験」「スポーツ」などでは、リフレッシュ効果や疲労度の観察、体力の向上を目指します。通所日数は、各利用者の健康状態によって異なります。週2日からのスタートも可能です。通所日数や活動時間は徐々に増やしていき、段階的に負荷をかけていきます。

通所開始から大体3〜6ヶ月くらい経つと、利用者の多くは生活リズムも体調も安定し、週5日、9時〜17時の活動が可能になります。実務力、集中力も回復します。自己理解も進み、ストレスに対してもうま

く対処できるようになります。また、たとえ不調のサインが出始めたとしても、自分で対処できるスキルを身につけられるようになります。

● スタッフの構成

　精神保健福祉士、産業カウンセラーが常勤しています。「オムソーリ御茶ノ水」の最大の特徴は、元施設利用者のスタッフが2名いることです。「オムソーリ御茶ノ水」だけでなく、株式会社リヴァでは、数多くのピアスタッフ*が活躍しています。

● 利用者の感想

　「オフィス系ワークを続けることで、集中力と持続力が回復しました。PCスキル、論理的思考能力、タイムマネジメント能力は、休職前より向上したように感じます」（男性、30代、うつ病、発達障害）

　「以前は自分の意見を伝えることが苦手でしたが、今は相手を尊重しつつ自分の意見を言えるようになりました。この変化は、復職後に活きると思います」（男性、20代、うつ病）

　「同じ精神障害を抱え、社会復帰という同じ目標を持つ仲間と出会えたのは心強かったですし、とてもうれしかったです。仲間と一緒に復職に向かって頑張ろうと思いました」（女性、30代、適応障害）

　復職支援施設を利用するメリットは、実際の職場に近い環境で職場復帰の準備ができる、ストレス対処法や対人コミュニケーションスキルを習得できる、疾病や復職に関する専門スタッフがいる、など数多くありますが、最大のメリットは、同じ疾患、悩み、不安、目標を持つ仲間がいることなのではないかと思います。

（＊）　元来ピアとは、同等の者、仲間という意味ですが、ここで言うピアスタッフとは、精神障害を経験し、その経験を活かして精神障害のある他者を支援するために雇用されている人を指します。

Q　復職支援（リワーク支援）施設の選び方は？

A　いくつかの復職支援施設を下記の項目について比較検討し、自分の状況や特性に合った施設を選ぶようにしましょう。

● 利用条件
　主治医が承諾していること、休職中で現在所属している企業に復帰を希望していること、生活リズムや症状がある程度安定していることを利用条件にしている施設が多いです。主治医の変更が求められる施設や支援対象者、復職までの期間、利用期間に制限がある場合もあります。

● プログラム構成・支援内容
　「生活リズム・体調の安定」「作業能力の回復」「再発予防」を柱にプログラムを提供している施設がほとんどですが、運営団体や施設によって、その強みやプログラム構成、支援内容は異なります。企業との連携の有無や連携内容、復職後のフォロー内容なども施設によりけりです。

● 利用料
　医療機関が運営する施設で自立支援医療（1割負担）が適用される場合は1日800円程度、行政機関が運営する無料の施設もあります。

● スタッフ構成
　医療機関が運営している施設は、医師、看護師、精神保健福祉士、臨床心理士、作業療法士などの医療専門職で構成されているところがほとんどです。その他の運営施設では、専門のカウンセラー、精神保健福祉士、臨床心理士、産業カウンセラーなどで構成されていることが多くなっています。

- 実績（職場復帰率、職場定着率）

　非公開の施設もあるようですが、利用者の職場復帰率や復職後の職場定着率（6ヶ月後、1年後、2年後）も参考にしましょう。
- 立地条件や雰囲気

　自宅から通所しやすい施設を選ぶことがポイントです。また、居心地や施設の雰囲気も大切です。「ここであれば、毎日通えそうだ」と思える施設を選ぶようにしましょう。

　ほとんどの施設が見学の受付や利用説明会の開催を実施しています。まずは、問合わせをしてみましょう。

　問合わせや見学の際には、上記のポイントを確認してそれぞれの機関の特徴を理解し、自分に合った復職支援施設を見つけたいものです。また、施設を選ぶ際には、主治医や産業医、産業保健スタッフ、人事担当者、上司、家族などと相談して決めることをおすすめします。

【参考情報】
- うつ病リワーク研究会

　http://www.utsu-rework.org/

　全国の医療系リワーク施設の情報が掲載されています。

- 復職（リワーク）についての主な相談機関
- 復職支援をしている医療機関や事業所
- 市区町村役場などの窓口
- 地域障害者職業センター
- 精神保健福祉センター
- 発達障害者支援センター

Q どうしても自分に合った復職支援（リワーク支援）施設が見つかりません。

A 復職支援施設の利用は、任意です。無理に通所する必要はありません（復職規定で定められている場合や、産業医が復職条件に課している場合は除く）。

　復職支援施設は、復職を目指す多くの人にとって有用な施設ですが、疾病の特性や病状によっては、施設に通い負荷をかけることで病状が悪化することも稀にあります。また、うつ病の人を対象に、集団で行うプログラムが多いため、発達障害のある人にとっては、なじまない場合もあります。その他、現状では、ほとんどの施設で最低でも3ヶ月程度の利用を前提としたプログラムが設計されているため、休職期間が1〜2ヶ月程度の短い場合は一人で復職準備をしなくてはならないと思います。

●**一人で復職準備をする際の留意点**
・必ず主治医と相談しながら復職の準備を進めること
・焦らずに段階を追って進めること
・「復職」だけではなく、「復職・就労継続」を目標にすること
●**再就職に向けて**（退職や失業によって離職している場合）
　疾病を抱えながら一人で就職活動をすることは、大変な困難と大きな不安が伴います。自分に合った就労移行支援事業所などの社会資源をうまく活用することで、疾病を抱えながらでも効率的に就職活動を進めることが可能です。

Q 就労移行支援事業所とは、どんなところですか？

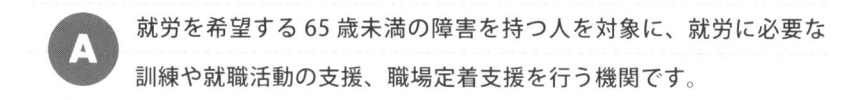

A 就労を希望する65歳未満の障害を持つ人を対象に、就労に必要な訓練や就職活動の支援、職場定着支援を行う機関です。

就労移行支援事業所「ハビトゥス市ヶ谷」の実際

● 利用対象者、利用条件、利用料金

表3 「ハビトゥス市ヶ谷」での障害者総合支援法に基づくサービス

対象者	うつ病などの気分障害のある人 ＊障害者手帳を持っていない人でも利用可能
利用条件	・主治医の承諾があること ・働きたいという意思があること ・離職者および離職が決まっている人＊ ＊地域によって、在職中の人は利用できない場合もある
利用料金	1200円程度／回（無料の場合もあり） ＊前年度の課税所得による（所得に応じて負担上限月額あり） ＊詳細は、厚生労働省のWebサイト「障害者の利用者負担」を参照。

● プログラム内容（例）

一般的に、うつ病などになると早く社会復帰しなければという焦りが生じてきます。実際、多くの利用者が初めての面談で、「できるかぎり早く再就職したい」と言います。

お気持ちはよくわかるのですが、納得のいく再就職と安定就労を目指すためには、焦って無理をしてしまう前にまずは身につけておくべきことがあります。それは、十分な自己理解と再発させないようにするスキルを身につけることです。

表4　「ハビトゥス市ヶ谷」プログラム内容（例）

	月	火	水	木	金	不定期
午前	オフィス系ワーク	集団認知行動療法	企業でのインターン	面接ロールプレイ	職務経歴書グループレビュー	・アサーショントレーニング ・マインドフルネス ・自律訓練法 ・農地体験 ・音楽療法 ・森林療法 ・OBOG会イベント
午後	就職活動報告会	キャリアデザイン	企業でのインターン	グループワーク	スポーツ	
		個別面談				

　「集団認知行動療法」「グループワーク」などでの他メンバーとの交流により自己理解、ストレス対処法の習得、視野の拡大、コミュニケーションスキルの向上を促します。

　「企業でのインターン」「オフィス系ワーク」では、PCスキルや実務力の確認・維持・向上を目指します。

　「キャリアデザイン」では、自分の価値観や強みを整理・発見するほか、今後の自分の生き方や働き方について考えます。

　「面接ロールプレイ」「職務経歴書グループレビュー」「就職活動報告会」では、就職活動をスキル面からサポートします。

　また、就職後の6ヶ月間、「ハビトゥス市ヶ谷」では職場定着支援も行っています（無料）。職場定着支援は、希望があれば、本人だけでなく雇用者に対しても行います。

　はじめはスタッフや他のメンバーとコミュニケーションがうまくとれなかったり、気分や体調、生活リズムが不安定だったりする利用者も、おおよそ4～5ヶ月ぐらい経つと、自己理解が進み、自分をコントロールできるようになります。

●スタッフの構成

　社会福祉士、臨床心理士、社会保険労務士、キャリアコンサルタントが常勤しています。スタッフの職務経歴は医療機関、福祉施設、人材紹介会社とさまざまです。多様な知識、経験、価値観で利用者の再就職を支援しています。

●「ハビトゥス市ヶ谷」の特徴

　障害者雇用枠での就職件数とともに、疾病を開示せず（クローズ）、一般雇用枠での就職件数が多いのが特徴です。2014（平成26）年度実績で、就職者数30名中19名が一般雇用枠で就職しています。

　また、地域の医療機関や福祉施設だけでなく就労支援機関と積極的に連携をとって支援しているのも特徴です。ほぼすべての利用者が、ハローワーク、東京しごとセンター、地域障害者就労支援センター、人材紹介会社などと「ハビトゥス市ヶ谷」を併用しています。

●利用者の感想

　「不採用の通知が届くたびにくじけそうになりましたが、仲間の存在や親身になって支えてくれるスタッフのおかげで、諦めずに就職活動を続けられました」（男性、40代、双極性障害）

　「就職活動中だけでなく、就職後も相談できる場所があると思うと安心です」（女性、20代、適応障害、発達障害）

　「精神障害者の雇用は、はじめてでした。不安があったのですが、職場配置や勤務時間などについて、特性をよく知るスタッフに相談できたのはありがたかったです」（IT企業、人事採用担当者）

　「職場定着支援は、本人だけでなく、受け入れる企業側にとっても、とても安心できるサービスだと思います」（小売業、人事採用担当者）

Q 就労移行支援事業所の選び方は？

A 就労移行支援事業所の利用期間は、原則２年間という制限があります。より健全かつ効率的に再就職するためにも、下記の項目を参考に自分に合った事業所を慎重に選びましょう。

● 実績（就職者数、職場定着率）

就職者数や職場定着率（半年後、１年後）の高い事業所を選ぶようにしましょう。障害者雇用枠の就職者数、一般雇用枠での就職者数、就職先や雇用形態、就職決定までの事業所の利用期間、就職決定者の疾病の種類の内訳や年齢などの情報も参考になります。

● サービス対象者

事業所によっては、障害種別（主たる対象者）を特定している場合もあります。現在は、発達障害のある人を専門としている事業所もあります。

● プログラム内容

PC作業などのオフィスワークを中心としている事業所が多いですが、「心理教育」「農業体験」「ヨガ」など独自のプログラムを提供している事業所もあります。

● 支援内容

カリキュラムに沿った支援を行うだけでなく、個々の状況や特性に応じた臨機応変な対応を期待できる事業所を選びたいものです。また、就職後のフォロー内容については必ず確認しましょう。

●スタッフの構成

　精神保健福祉士、臨床心理士、作業療法士など、医療・福祉系のスタッフの割合が多い事業所もあれば、企業出身者の割合が多い事業所やピアスタッフが在籍する事業所もあります。

●立地条件

　居住地の近くがよいのか、あるいは通勤を想定してビジネス地域にある事業所のほうがよいのか、よく考えて選びましょう。

　就労移行支援事業所の事業所数は、年々増加しています。どの事業所も見学や体験が可能です。見学や体験をしたら、必ずそこに決めなくてはいけないということは決してありません。まずは、気軽な気持ちで見学や体験に行き、焦らずに自分の状況・特性・目的に合った事業所を見つけてみてはいかがでしょうか。また、その際には、主治医とよく相談しましょう。可能であれば、家族や地域の保健師などに見学の同行を依頼し、客観的な意見も参考にして選ぶとよいでしょう。

　このように、社会には意外と多くの支援機関があるものです。利用できる社会資源はうまく活用して、円滑な社会復帰を果たして欲しいと思います。そして、復職や再就職を目指す皆さんが、すべての経験とスキルを活かし、社会で再び活躍されることを期待します。

　（なお、発達障害のある人の就労支援機関一覧は第5章および『発達障害の人の就活ノート』〔弘文堂，2010〕巻末 p.173-p.181 参照）

働く人と職場を支援する産業保健師

東京医療保健大学医療保健学部　佐々木美奈子

　産業保健師は、労働者がその持てる力を十分に発揮して働くことができるよう、健康面から支える役割を担っています。病気や障害を持ちながらも就労を継続することができるよう、労働者および職場の支援をしています。
　しかし、それぞれの企業によって、産業保健師が雇われている立場、与えられている役割に差があり、また、保健師自身の経験によってもその活動範囲・内容は異なります。発達障害のある労働者の支援には、まだ経験の浅い保健師も多いと思われます。産業保健師にとって、労働者と職場の両方を支援することは、基本的な役割となっていますので、経験を通して成長できるよう機会を与えていただけるとありがたいです。

◎ 産業保健師の役割

　業務内容は、保健指導、健康相談、メンタルヘルス対策などですが、主に健康と労働の調和を図ることがその役割です。対象者および対象集団が病気にならないことだけを目標にするのではなく、病気にならないで活き活きと働くことができるよう、職場環境を整えることを目指します。
　保健指導においては、対象者が仕事を大切にしていることを良く理解したうえで、一人ひとりの労働生活、家庭生活に合わせ、運動・食事などの生活行動プランを提案します。
　また、労働者一人ひとりの支援とともに、職場風土への働きかけも

行います。定期健康診断・ストレス調査結果を部署ごとに分析し、職場の特性を把握します。

　面談などの個別の関わりからの情報に加え、職場巡視などで得られる職場の状況をもとに、支援の必要性を把握します。個別の面談を行うと同時に職場の様子も思い描きながら、上司と部下、同僚同士の人間関係や相互作用に心を配ります。職場風土への働きかけには、正解があるわけではありません。少しずつ信頼を得ながら、職場の状況を把握し、必要と思われる働きかけを行っていきます。保健師が良いクッションとなりながら、働きやすく、一人ひとりが力を発揮できる職場づくりを目指します。

　さらに、ウォークラリーのような、事業所全体の健康づくりのための企画も行います。健康診断や生活調査データの分析をもとに、社員に共通する問題や改善ポイントを見つけ、どのように働きかけるか、さまざまな部署と連携しながら考え、取組んでいきます。

◎ さまざまな立場で働いています

　産業保健師は、①企業、②健康保険組合、③健診機関、などに雇用されており、それぞれ雇用されている立場により役割が異なります。企業に直接雇用されている場合は、個別の保健指導に加え、職場、事業所といった集団への働きかけも行います。健康保険組合や健診機関に雇用されている場合でも、機会を与えられれば、事業所・職場に出向きながら、職場全体の健康支援を行っています。

◎ 産業保健師の人数

　産業医のように法律により配置が義務づけられているわけではないので、産業保健師が働く企業はまだまだ少ないのが実情ですが、2012（平成24）年の調査（厚生労働省）では、全国で4000人程度

の保健師が各事業所で働いています。看護師も合わせると、約1万600人が事業所で働いており、その数は年々増加しています。

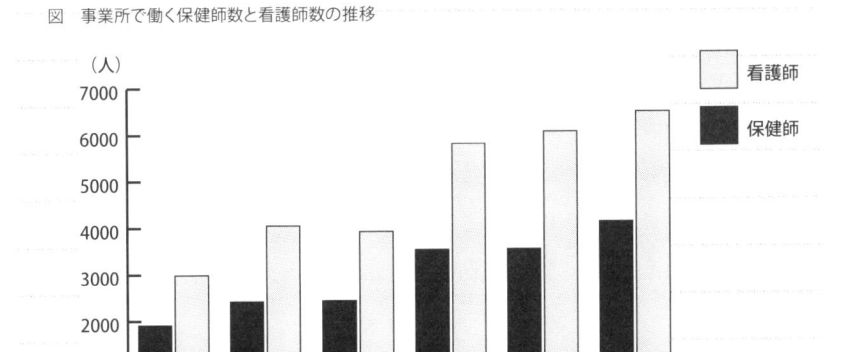

図 事業所で働く保健師数と看護師数の推移

出典：厚生労働省「平成24年度衛生行政報告例」より著者作成

看護は「環境」を考えます

　看護というと、診療の補助業務や入院中の療養の世話をするイメージがあると思いますが、看護は健康な人も対象とし、予防も役割に入っています。看護学の礎を築いたフローレンス・ナイチンゲールは、環境が健康に与える影響に着目し、環境を整えることによって人々の健康を守る大切さを説いています。看護学は、人間・健康・環境を主要な概念としています。

保健師資格について

　事業所で働く看護職には、保健師と看護師がいます。保健師は、看護師国家資格に加えて、保健師国家資格を持っています。看護師資格しか持っていなくとも、経験や実践を通しての学びにより、幅広い活

動をしている看護師もいますが、職場の風土づくりや健康増進活動は保健師が担うことが多くなっています。保健師資格を持たないと法的に行えない業務があるわけではありませんが、特定保健指導やストレスチェックなどの職場の保健指導は、保健師が実施することが基本となっています。

保健師は健康増進や集団への支援について専門的な教育を受けています。その教育課程では、地域の保健所・保健センターでの実習が必須となっており、集団や地域の健康を把握し、人々が自ら健康になることを支援するエンパワメントや予防的取組みを、しっかりと学んでいます。

◎ スキルアップの仕組み

産業保健師の配置人員が一人という職場も多いため、経験をつみながら能力を伸ばしていく必要があります。情報共有や研修の機会は、日本産業衛生学会、産業保健師会、産業保健総合支援センターなどでも提供されています。産業保健総合支援センターでは、産業看護職向けの相談も行っております。職場および事業所で産業保健師を雇った場合には、是非、研修に出して情報共有できる機会を与えてください。

・日本産業衛生学会：https://www.sanei.or.jp/
・日本産業保健師会：http://sangyohokensi.net/
・産業保健総合支援センター：http://www.rofuku.go.jp/shisetsu/tabid/578/Default.aspx

◎ 疾病・障害を持つ労働者への支援

産業保健師は、疾病・障害を持つ労働者の支援にあたり、本人への支援とともに、上司・同僚への支援、人事労務との連携、また、産業保健チームおよび外部医療機関との連携を行います。

次頁に、産業保健師が、疾病・障害をもつ労働者を支援するにあたってのヒントを記します。これらは、がんをもつ労働者の支援にあたり、熟

表　産業保健師が労働者を支援する際のヒント

- **本人への支援**
1. 定期的に体調と仕事の状況を確認します。
2. ちょっとした困りごとにすぐに相談対応します。
3. 本人の自己決定を支えるための働きかけをします。
4. 精神面や情緒面をサポートします。
5. プライバシーに配慮して、健康情報を含む個人情報を取り扱います。
- **上司・同僚への支援**
6. 仕事を継続できる職場環境や作業条件について確認し、調整します。
7. 疾病・障害をもつ労働者を取り巻くサポート体制の構築と強化にむけて支援します。
8. 互いに支えあい気遣う職場風土づくりを促します。
- **人事労務との連携**
9. 適正配置について産業看護職の立場から助言します。
10. 利用可能な制度や柔軟な勤務パターンについて確認し、調整します。
- **産業保健チームおよび外部医療機関との連携**
11. 産業医と役割分担し、定期的に情報交換します。
12. 医療機関との連携の要否や方法について検討し、調整します。
- **日頃からの取組み**
   日頃から張り巡らせているアンテナや、職場にすでにある資源を上手に活用して、病気をもっていてもいなくても、労働者が活き活きと働くことができ、互いに支えあえる事業場全体の職場風土づくりに貢献していきます。

出典：厚生労働科学研究費補助金がん臨床研究事業「がんをもつ労働者と職場へのより良い支援のための12のヒント」より、一部改変

練の産業保健師が行っている支援内容を明らかにしたものです。発達障害のある労働者への支援も同様の枠組みで進めることが可能です。

　産業保健師は、職場の人間関係、障害からくる仕事の困りごとについての相談にも応じますので、産業看護職が社内にいる場合は、是非、相談してみてください。発達障害のある方の支援が初めての場合は、学びながらの対応となるかもしれませんが、他の疾患や障害のある労働者への支援を応用して対応していくと思います。職場で力を発揮するために、是非、活用していってください。

第 5 章

利用できる福祉制度

福祉・医療サービスの存在

　発達障害のみならず障害を持つ当事者に対しては、さまざまな福祉サービスや制度が用意されています。日常生活を送るための生活支援や、障害特性を告知し就職を目指すための就職支援など多岐にわたります。ただし、サービスを利用するに当たっては、それぞれに条件がありますので各自治体の福祉・障害福祉担当窓口に問合わせ・相談のうえ、利用を進めるようにします。

　また、各自治体が独自で設けているサービスや補助制度もあるので、地域によってサービス内容や金銭的な負担にも差があります。事前によく確認しておかなければなりません。他にも医療制度の中で、障害を持つ当事者に対するサービスの仕組みもあり、健康保険で利用できるサービスもあります。

　本章では、発達障害のある当事者にとって役に立つ、生活や就労に関係する福祉・医療サービス、制度のいくつかを挙げて解説します。

表1 障害福祉サービスに係る自立支援給付等の体系

介護給付	★居宅介護（ホームヘルプ）（p.121）／重度訪問介護／同行援護／行動援護／重度障害者等包括支援／★短期入所（ショートステイ）（p.122）／療養介護／生活介護／施設入所支援
訓練等給付	自立訓練／★就労移行支援（p.113）／★就労継続支援（p.114）／★共同生活援助（グループホーム）（p.122）

（★印は、本章で解説している障害福祉サービス）

障害福祉サービスを利用するために

　障害福祉サービスは、「障害者総合支援法」に基づき実施されるものです。利用できるサービスは、「介護給付」と呼ばれる日常生活を営むうえでの手助けを行ってもらえるサービスと、就労に関わる「訓練等給付」と呼ばれるサービスの2つに大別されます（表1）。利用者負担も一部ありますが、所得に応じて毎月負担上限額が設定されます。サービスの利用量に関わらず、限度額を越えるような負担はありません。

　障害者総合支援法は2012（平成24）年4月に障害者自立支援法を改正するかたちで翌年に施行されました。支給決定プロセスの見直しにより、原則として障害福祉サービス等を利用するすべての障害者は、「サービス等利用計画案」の作成・提出を求められます。

　一般的に、「サービス等利用計画案」の作成に当たっては、指定相談支援事業者（p.126参照）に依頼して計画案を作成してもらいますが、セルフプランの作成も可能です。また、計画案作成については、新規申請者や更新を迎える人から順次対象となり、2015（平成27）年度末までには利用するすべての人に拡大される予定です。ただし、自治体が独自で行っている地域生活支援事業（移動支援、日中一時支援など、p.126参照）のみを利用している人は、計画案作成の対象外となります。

　障害福祉サービス利用開始までの流れとしては、個別のニーズや状態を把握して、適正にサービスを利用してもらうために、障害支援区分の認定や「サービス等利用計画案」の作成などいくつかの段階を経て、その後の審査によって支給決定、受給者証が発行されます（図1）。

図1 障害福祉サービス利用開始までの流れ

```
相談
 ↓     お住まいの区市町村（または指定相談支援事業者）に相談。
申請
 ↓     お住まいの区市町村にサービス利用の申請を行う。
審査
 ↓     障害支援区分の調査。心身の状況を総合的に判定するため、
       認定調査員による訪問調査などが行われ、障害支援区分が認定される。
「サービス等利用計画案」の提出
 ↓     指定相談支援事業者が作成した「サービス等利用計画案」を
       区市町村に提出（セルフプランを作成することも可）。
支給決定
 ↓     障害支援区分や「サービス等利用計画案」の内容を踏まえサービス内容が決定。
       障害福祉サービス受給者証が交付される。
「サービス等利用計画」の作成
 ↓     決定した内容に基づき、指定相談支援事業者が「サービス等利用計画」を作成。
事業者と契約
 ↓     サービスを利用する事業者と契約。
サービス利用開始
```

障害者手帳

　障害者手帳（以下、「手帳」）は、障害福祉サービスを受けやすくするだけではなく、障害者雇用の枠組みで就職する際にも必要となります。

　現在、身体・知的・精神の3種類の区分で手帳が発行されています。そして、それぞれの状態により等級区分がなされます。ただし、発達障害単独の手帳は存在しません。単独で発達障害を持つ場合には、知的と

精神の障害者手帳が所持の対象となります。知的の手帳については地域によって名称が異なることもあります（例：東京都の場合「愛の手帳」）。

審査基準は自治体により異なるため、申請する際には事前に確認しておきましょう。精神疾患を有することで手帳取得の対象となりますが、2年ごとの更新が必要です。さらに、知的に遅れがある場合には知的の「療育手帳」も取得することになります。知的の障害程度が固定できない場合には、期限付きの手帳交付になり、更新手続きが必要になることもあります。医療機関による発達障害の診断で、手帳取得に対して考慮してもらえる自治体もあります。診断できる医療機関の数に限りがあるため、診断に至るまでと申請してから結果がわかるまでに数ヶ月の時間を要することもあります。申請は精神疾患で医療機関の診療を受けた初診日を基点に、6ヶ月が経過した日以降から可能です。詳しくは保健センターや自治体の健康福祉関係の窓口に問合わせてみましょう。

なお、手帳を取得していることが知らぬ間に第三者に伝わることはありません。また、障害を周囲に告知しての障害者雇用枠での就職をしないのであれば、手帳所持について敢えて他人に伝える必要もありません。

手帳の取得により、税制面・国民健康保険料における控除や減免、地域や事業者により公共料金や交通機関の割引等の福祉サービスが利用できます。自治体ごとに独自の制度として、年齢や障害等級などにより手当金の給付制度が用意されています。居宅介護、短期入所、自立訓練、就労移行や就労継続支援などの障害福祉サービスを利用する場合は、手帳とは別に障害福祉サービス受給者証の交付を受けなければなりません。

障害年金制度

障害により日常生活や就労に支障があり、生活を営むうえで経済的に

負担が増し、生活が困難な場合に障害年金が支給されます。障害年金については、障害者手帳とは別に、より高い受給要件があり、障害者手帳を持っているだけで受給できるわけではありません。
　障害者への年金としては、「障害基礎年金」と「障害厚生（共済）年金」の２つがあります。基本は障害基礎年金となり、申請には医師による診断書、病歴状況申立書などが必要になります。また、年金受給には３つの要件を満たす必要があります。初診時に公的年金制度に加入していること、加入すべき期間に定められた保険料を納付していること、障害認定日などに障害を有している状態であることです。これらに年齢要件なども加わって、実際には細かな要件設定がありますから、自治体窓口に問合わせなければなりません。
　特に初診日は重要で、障害認定日の起算日として取り扱われ、該当する年金制度が決まるなどの受給要件に大きく関わってきます。初診日が不明な場合には、のちに受診した医療機関や周囲による第三者の証明が必要になります。また、初診日に厚生年金や共済年金に加入していれば、障害厚生年金も受給できることになります。障害年金受給とはならなくても一時金の対象となることがあります。
　申請基準としては、日常生活を送ることがどれほど困難であるかなど日常生活、就労、不適応行動などが総合的に判断されるので、障害の程度、障害等級だけで判断されるのではありません。所得制限の条件もありますので、一定以上の所得を有するようになれば、減額や支給停止になることもあります。また、受給できてからも定期的に障害状況確認届の提出を求められることがあります。必ずしも、認定を受けたら受給し続けられるものではありません。経済的に苦しく生活保護による援助も考えなければならない場合もあるかもしれませんが、生活保護の受給にはさらに必要な条件がありますので、自治体担当窓口に相談しましょう。

就労支援機関

✓ ハローワーク専門援助窓口

　公共の職業紹介支援機関であるハローワーク（公共職業安定所）には、大きく分けると一般相談部門と専門援助部門があります。障害者手帳を持つ人の就労を支援するのが専門援助部門となり、専門援助窓口（障害者就労窓口）が設けられています。どちらの部門を利用しても構いませんが、障害の状況や就業適応度合いと照らし合わせ、さらに支援の違いも考慮し、窓口の担当者や支援者らと相談しながら利用すればよいでしょう。

　ハローワークではパソコン端末や書類による求人票の検索、窓口担当への相談ができ、個別案件への紹介、求人企業への連絡など橋渡し役なども担ってもらえます。ハローワークのサービスを利用するためには、一般相談部門と専門援助部門のどちらの部門を利用するにせよ、最初に求職登録をしなければなりません。ハローワークは公的な就労支援の起点ともなりますので、地域障害者職業センター（p.107参照）などの各支援機関とも連携を取り、就職後のフォローも行っています。都道府県労働局およびハローワーク主催の就職面接会、ミニ面接会なども開催されていますので、情報収集の場として利用するとよいでしょう。

　また、居住地域以外にある遠方のハローワークでも求人情報の検索や窓口担当への相談は可能です。インターネットでもハローワークの求人情報は閲覧できます。ただし、求人票の詳細内容を見るためには、求職登録手続きを済ませておく必要があります。

就職支援ナビゲーター（発達障害者等支援分）

　主要なハローワークに配置されている就職専任支援員で、障害者手帳を所持していない発達障害のある求職者または特性を有していると疑われる求職者を対象にして、個別相談、履歴書や職務経歴書の添削、面接演習の実施に加え、就労支援機関との連携・調整や紹介を行っています。
　企業での人事労務経験者やキャリアコンサルタント、発達障害に関わる施設や機関での支援経験者や、精神保健福祉士の資格所持者が支援員として配置されています。

新卒応援ハローワーク

　ハローワークの中に設置されている就職活動の相談・支援窓口の一つです。障害のあるなしに関係なく、卒業・修了年次の在学生（大学、大学院、短期大学、高等専門学校、専修学校）と、卒業・修了して3年以内の既卒者を対象に、就職活動に関する不安などの個別相談に応じたり、求人情報の提供やアドバイスを行ったりしています。また、定期的に就職活動の進め方などの講義や個別・集団模擬面接が開催され、臨床心理士によるメンタル面での相談（予約制）なども行われています。
　一般的な就職活動の流れや取組み方を知る・学ぶという目的で、学校の就職支援とあわせて活用してもよいでしょう。学校を卒業することで自分の所属という拠り所がなくなり、相談先の喪失に不安を強く感じる人もいますが、このような既卒者にも開かれた窓口を活用することで安心感を得られるでしょう。障害者雇用枠での就職活動だけでなく、一般雇用枠の求人も視野に入れている場合、この窓口の利用について事前に専門援助窓口や地域障害者職業センターに相談してみましょう。

地域障害者職業センター

　独立行政法人高齢・障害・求職者雇用支援機構（JEED）が運営し、各都道府県に設置されている就職準備・定着、復職を支援する専門機関です。就職活動に入る前に、障害者雇用枠と一般雇用枠のどちらで活動を進めればいいのかなどの方向性を相談したり、自分の職業適性を調べてもらったり、自分の置かれた状況を整理して、どのように就職活動に向かい合えばよいかなど準備部分をサポートしてもらえます。

　おおよそ半日から数日間にわたる職業カウンセラーによるヒアリングや各種検査（ペーパーテスト・作業検査）が行われます。その後、職業評価説明が行われ、就職活動準備講習や作業・対人技能トレーニングなどの職業準備支援カリキュラム計画（職業リハビリテーション計画）の提案がなされ、最大12週間に及ぶトレーニングが実施されます。このカリキュラムの中には、発達障害者就労支援カリキュラムも含まれており、主として職場での対人技能の向上を目指して、場面別のコミュニケーション練習や、困ったときに役立つ問題解決技能を学べます。

　また、当事者・保護者（支援者）・職場の同意のもと、職場からの要請で職場適応援助者（ジョブコーチ）を派遣して、就業を開始する当事者に対して就業に関する支援を行ったり、職場・企業に対して助言やフォローを行ったりしています。

　相談支援は予約制のため、ハローワークの専門援助窓口を経由して問合わせをしてもらい、相談・支援申込を行います。利用に当たっては、一定期間の通所が必要とされることや、予約数が多く、利用開始や評価通知・支援の実施から終了までに時間を要するために待たなければならないので、家族や支援者、専門援助窓口とよく相談して決めましょう。就学中の場合は、原則は卒業学年であることが基本で、夏休みなど長期

休暇を利用して職業評価を受けられます。

これら以外の支援として、職場復帰するための復職支援（精神障害者等職場復帰支援：リワーク支援）も行っています。

図2 地域障害者職業センターでの支援の流れ

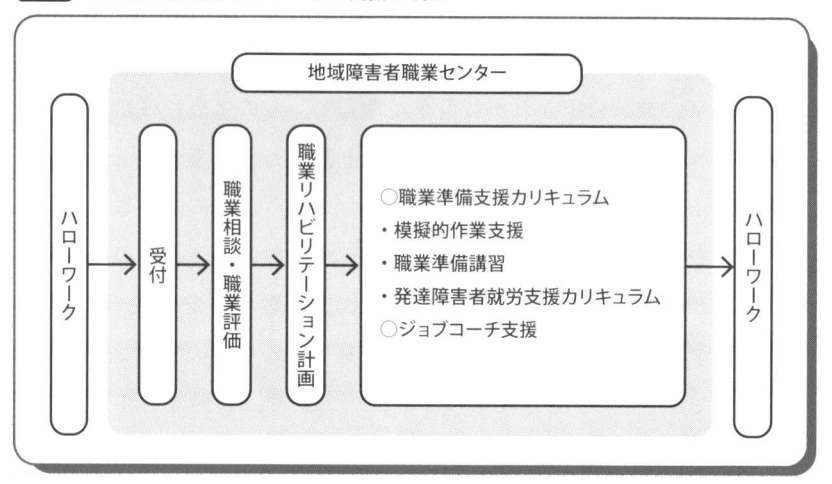

```
地域障害者職業センター
ハローワーク → 受付 → 職業相談・職業評価 → 職業リハビリテーション計画 → ○職業準備支援カリキュラム
                                                    ・模擬的作業支援
                                                    ・職業準備講習
                                                    ・発達障害者就労支援カリキュラム
                                                   ○ジョブコーチ支援
                                                                                → ハローワーク
```

✓ 地域若者サポートステーション／ジョブカフェ

どちらも障害者専門の支援機関ではありませんが、就職活動に入る前の段階、自立することのイメージ形成から、または新卒や若年層に絞って就職活動自体を個別に支援する活動を行っています（手帳がなくても利用可能）。

地域若者サポートステーション（以下、サポステ）は厚生労働省の事業の一つで、原則として15歳から39歳までの仕事に就いていない若者を対象として、特にニートやひきこもり状態になっている若者に、働くということの最初のきっかけを作るところから活動を行っています。

例えば、グループワークから始まりボランティア活動への社会参加体

験、先輩社員、経営者、人事担当などを招いての座談会や就活講座、そして保護者への対応として相談受付やセミナーも開催されています。最近では、より就職につながるような取組みも検討されています。

　一方、ジョブカフェは各自治体が行っている事業で、原則は15歳から34歳までの若者を対象として、就職・転職活動の仕方や求人情報の見方、キャリアカウンセリングを行っています。ハローワークに併設されていることもあり、求人検索・相談もできるので、より就職活動を視野に入れた支援機関となります。新卒応援ハローワーク（p.106参照）が併設されている場合もあります。なお、地域によって、対象年齢の範囲が15歳から39歳あるいは44歳までとされている場合や、機関の呼び名が異なっていることもあります。

　どちらも事業として内容が重複する部分があったり、地域による活動内容に違いがあったりします。ハローワークに行く一歩手前の支援機関として、対外的な活動に自信がないならサポステ、就職を意識し出したらジョブカフェと使い分けてみてもよいでしょう。

障害者就業・生活支援センター

　障害を持つ人の就労と、就労を維持し続けていくための生活を支援する活動を行っている機関です。通称「ナカポツ」や「就ポツ」と呼ばれ、全国に323センター（2014〔平成26〕年7月時点）が設置されています。

　基本的には、当事者からの仕事や生活に対する不安や悩みの相談受付やアドバイス、必要な他の専門支援機関への取り次ぎ、またはハローワークや就業先への同行などの直接支援を行っています。相談支援は予約制となっており、費用は無料ですが、交通費等以外にも施設利用などで別途費用負担が生じることもあります。

具体的な相談内容としては、ハローワークなどの就労支援機関の利用の仕方、教育機関修了後の就職への不安、福祉的就労（福祉施設で支援を受けながら訓練を兼ねて働くこと）から一般就労への仕方、職場での振る舞い方、就業先での悩みなど、主に就労に関する当事者からの相談となりますが、障害者雇用に取組む企業などの事業者に向けて、雇用管理のアドバイスも行っています。他に職場実習先・訓練施設のあっせんなども行ったりします。生活面では、日常生活の過ごし方、金銭管理の仕方、障害福祉サービスに関する利用相談などに答えてもらえます。

　同センターは、就労と生活に関する幅広い問合わせに対応し、さらに専門的に対応のできる支援機関につなぐという中継的な役割を果たしています。発達障害に特化して専門性のある対応を実施する機関ではないので、あくまでも次なる専門機関への橋渡しを行ってもらえる機関と位置づけての利用が望ましいと思われます。

　同センターの他にも、自治体の事業として、障害者だけでなく、就職困難者などを対象にした就職活動を支援している地域就労支援センターも存在します。

✓ 発達障害者支援センター

　都道府県・指定都市に設置され、発達障害を専門として相談に応じる総合的な支援機関です。福祉から医療、教育、就労など広範囲の関係機関とつながっていて、状況やニーズに合わせて該当先を紹介してもらえます。療育や教育の場での支援の仕方について、アドバイスも行っています。当事者や家族だけでなく、支援機関、教育機関、企業などからの発達障害に関する問合わせにも対応しています。啓発・啓蒙のための公開講座を開催するなど、発達障害についての理解促進と保護者や各種機

関への教育・指導も行っています。

　医療機関ではありませんので、同センターでは発達障害の正確な診断・判定はできません。医療機関において発達障害の診断がなされたのち、就労や生活面においてどのように対処していけばよいか、どの支援機関を利用すればいいのかなどを問合わせるために、同センターを利用するのが一般的と言えます。

　就労だけでなく、障害児の療育に関わる相談など幅広く対応しているので、多くの人が相談を希望しています。面談・相談の予約数が多いことから、待機期間が長くなることもあらかじめ留意しておきましょう。

障害者専門の人材紹介会社

　公的な障害福祉サービスではありませんが、無料職業紹介業務を行う公的機関のハローワークの他に、有料職業紹介という業態で人材サービスを行う民間事業者があります。独立専業系、大手人材サービス系、他業種系列など多様な事業者が存在します。また、事業者同士で提携し、求人情報などを共有・提供している事業者や、都市部中心の求人情報だけでなく、全国各地の求人情報を保有している事業者もあります。

　人材サービスを利用するためには、まずは「登録」（エントリー）することから始まります。紹介事業者では、登録内容や対面ヒアリングで得られた求職者の希望条件や経歴・スキルなどをもとにして、企業から集めた求人情報と照らし合わせてのマッチングを行い、適合すれば双方をつなぎ合わせるように段取りを組みます。ハローワークが扱う公開求人情報以外に、紹介事業者だけに出された非公開求人も保有していることがあり、登録・求人検索はインターネットを通じて紹介事業者の企業サイトから行えるようになっています。基本的には紹介事業者から求職

者に費用負担を求めることはありませんが、詳細については各事業者に確認しましょう。

　求人情報は景気や季節、企業状況により求人数や求人内容が大きく変化するので、登録後すぐに紹介された仕事が決まることもあれば、長期にわたる期間を費やす場合もあることを理解しておきましょう。

　事業者により事業方針や規模に違いがあるので、保有する求人情報の数や種類、マッチングの仕方、企業への紹介手順などにも違いがあります。また、コンサルタントやコーディネータと呼ばれる法人・求職者担当者のスキルや質によっても、マッチング精度や紹介実績が違ってきます。実際には、発達障害について詳しく理解している担当者もいれば、そうでない担当者もいます。そのため、特性や経験・スキルにマッチしない求人を紹介されることもあります。

　このように事業者により違いがあるので、一つの事業者にすべてを委ねるよりは、いくつかの事業者に絞って登録して、各担当者の対応や提示された求人情報などを比較検討することも大切です。また、民間の人材サービスは公的なサービスを補うように併用することをおすすめします。最近では、職業紹介事業と併設するかたちで就労移行支援事業を行っている事業者もあり、職業紹介へのステップとしての就労訓練と位置づけられています。

　他に主要都市のみにはなりますが、事業者主催の障害者就職面接会が定期的に開催されています。その面接会を経て、発達障害のある求職者が内定に至る事例も出てきています。

　（なお、人材紹介会社の利用方法等その他詳細は、『発達障害の人の就活ノート』〔弘文堂，2010〕p.43-p59 参照）

職業訓練

就労移行支援事業所

　就労するに当たって必要な知識やスキルを身につけるための訓練を行っている事業所で、行政より認可された各種団体・法人が運営しています。就労訓練の中には、社会人としての振る舞い方や職場で働くことの心構えを学ぶ訓練があり、求人情報に関するアドバイスやマッチング相談なども行っています。問合わせ窓口はハローワークとなり、自治体へのサービス受給申請をしなければなりません。受給要件として、就職活動中であること、就職先が決まればすぐにでも働ける状況にあることが求められ、最大2年間利用できます。前年度の世帯所得により、利用料の一部について自己負担が発生することがあります。

　就労訓練を大きく分けると、梱包整理、検数、製造制作などの作業系、計算処理や書類制作、パソコン操作などを行う事務系の訓練の2種類に分かれます。トラブル発生時の対応を考える問題解決トレーニング、対人折衝や集団活動への慣れやグループワーク、実際の職場において起こりうる事象を想定しての訓練が行われます。

　近年では、発達障害に特化したことを謳う事業者や施設があります。また、異業種からの参入により、多くの就労移行支援事業所が設立され、旧来の作業所というイメージから大きく離れ、一般企業のオフィスを再現したような事務系訓練を行う事業所も存在します。訓練の形態も、利用者全体での活動、数十人単位の大きなグループ、数人単位の小さなグループに分かれての訓練といったように、集団活動への適応を上げる取

組みもあれば、個々に担当を割り振って作業を行うような個別での就業スキルを上げる取組みを行う事業所もあります。さらに訓練を重ねることで、練度や場への慣れも増して職場適応度が上がると、部署を異動するように座席も移動するという仕組みを取る事業所もあります。

他には、ネットビジネスに直結するような訓練内容を行う事業所もあり、仕事をすること、働くことを直に体験できるような仕掛けを考えている事業所もあります。このように事業者・施設により、それぞれの支援・訓練内容が異なるので、事前の体験実習や見学を通して、訓練内容が自分に合っているかを確認してから、利用するかどうか決めるようにしましょう。

特別な事情により他事業所への異動も稀にあります。特性や性格により向いていないこともありますので、その場合は他の障害福祉サービス（就労継続支援など）を利用して、生活習慣の安定や就労に向けての準備に力を入れることが望ましいです。また、障害福祉サービスを利用しての就職後、職場定着のためのアフターフォロー（職場訪問、個別ヒアリングなど）が行われることもあります。

✓ 就労継続支援事業所（Ａ型＝雇用型、Ｂ型＝非雇用型）

就労移行支援事業所と同じように行政認可された法人が運営している事業所で、個人の日常生活で不安定性がある場合や、集団生活・行動や社会性・社交性を整える余地があり、まだ一般就労の場での労働には難しさがある場合に、就労継続支援事業所の中の働く場を通して必要な訓練を受けられます。

事業所は２つの形態に分かれていて、利用者が運営事業者と雇用契約を結ぶＡ型と、雇用契約を結ばない形態で利用するＢ型があります。一

時的に一般就労の場で働いた経験があるものの、さまざまな理由からトラブルに見舞われるなどで定着できなかった場合、再度、就労体勢を整えるための場としてB型事業所が利用されることがあります。B型事業所は、労働というより訓練の要素が濃くなるかたちです。どちらの形態も利用期間の定めはありません。

運営する事業者が一般法人であった場合、自社事業の中から業務が切り出されるなどして、実際の労働の場の中で就労に必要な経験を積み上げていくことになります。ただ、賃金・工賃の報酬は一般就労に比べると低くなってしまいます。

障害者自立支援法改正（現：障害者総合支援法）により、個人の希望だけでは就労継続支援事業所の利用はできず、「サービス等利用計画案」の作成・提出から始まって、審査を経て利用できるかどうかが決まります（p.102 図１）。特にB型事業所に関しては、事前に就労移行支援事業所にてアセスメント（予備評価）を受けてから、利用が妥当かどうかの判断がなされます。

障害者職業訓練校・障害者職業能力開発校

障害を持つ人のために、国や都道府県、独立行政法人高齢・障害・求職者雇用支援機構（JEED）らが設置・運営する職業訓練機関です。

その中の代表的な機関を挙げると、JEEDが運営する職業訓練機関として埼玉県所沢市に「国立職業リハビリテーションセンター」（以下、職リハ）があります。職リハでは、発達障害のある人に対して、半期ごとに訓練生の募集を行っており、職業評価から職業訓練、職業指導までを受けられます。訓練期間は１年、コースにより２年や６ヶ月になることもあります。職リハに入所するには、ハローワークに求職登録をして

いること、職リハに通所が可能であること（宿舎利用可）などが条件になります。ハローワークにおける入所相談から始まり、地域障害者職業センター（p.107参照）での予備評価、職リハでの複数日におよぶ職業評価へと進み、審査選考の結果により入所の可否が決まります。

　同様に、国立、自治体運営、民間法人に委託された職業訓練校が全国に設置されています。さまざまな職種ごとに訓練コースが設けられていますが、なかには発達障害のある人を対象にした独自のコースを設定している職業訓練校もあります。利用するには、ハローワークにおける相談から始まり、職リハと同様の選考過程を経ることになります。

表2 訓練コースの一例（職リハの実施訓練コース抜粋）

訓練系	コース名
メカトロニクス系	機械CAD／FAシステム／組立・検査他
建築系	建築CAD
ビジネス系	DTP／Web／ソフトウェア開発／会計ビジネス／オフィスワーク他
職域開発系	オフィスワーク（高次脳機能、発達、精神）／物流・組立ワーク／オフィスワーク（知的障害）／販売・物流ワーク／ホテル・アメニティワーク他

障害者委託訓練

　ハローワークに求職登録をしている障害者を対象に、障害者職業能力開発校などから委託を受けて民間法人が実施している職業訓練です。訓練期間は原則3ヶ月以内、100時間が標準となり、受講申込の窓口はハローワークとなります。

　社会福祉法人、NPO法人などが行う「知識・技能習得訓練コース」では、ビジネスマナーや電話応対、事務処理、社会人常識や振る舞いなど

の座学と、清掃や軽作業などの実習を組み合わせた訓練が行われます。資格取得やパソコン技能習得講座を運営している民間教育訓練機関も委託を受けて、パソコン操作やIT知識を習得するための講義を行っています。

　企業が行う「実践能力習得訓練コース」では、企業の職場で業務内容に準ずるような訓練を受けられます。そのため、訓練内容は運営企業の事業により異なります。場合によっては、訓練終了後にその結果が評価され、運営企業で雇用されることもあります。

　地域や数はまだ少ないですが、障害者向け日本版デュアルシステムとして、就職に必要な基礎知識・技能の習得を目的とした集合訓練と企業での長期職場実習を組み合わせた最長6ヶ月に及ぶ形態の訓練も実施されるようになりました。他には、在宅にてインターネットを通じてIT技能を習得できる「e-ラーニングコース」が用意されている場合もありますし、自治体によっては、在職者向けの職業訓練も土日祝日を利用して実施しています。

　注意点としては、委託訓練は年間スケジュールが組まれているので、それを見ながら受講タイミングを図らなければならないことです。定期的に受入れを行っている訓練もあれば、一時的に行われる訓練もあるため、機会によっては受講できない場合もあることを理解しておかなければなりません。訓練情報を見つけるには、都道府県の商工労働部門のWebサイトを閲覧したり、ハローワークの窓口や障害者職業訓練校・障害者職業能力開発校に尋ねたりして、年間の訓練スケジュールを掴んでおくようにしましょう。

　また、訓練という位置づけのため、日当や時給などの賃金は発生しません。ただし、受講料は無料です。なお、訓練場所までの交通費や食費、自分で利用する教材などについては個人での負担となります。

働く前の準備と医療サービス

精神科デイケア

　就労するためには、日常生活を規則正しく送れることが絶対に必要です。精神疾患により、十分な睡眠が取れなかったり、昼夜逆転するほどの生活習慣の乱れが生じたりすると、当然働き続けることは難しくなりますので、まずは生活のリズムを整えることが必要です。そこで一役を担うのが精神科デイケアとなります。

　精神科デイケアとは、主に精神科や心療内科を持つ医療機関が実施している医療サービスで、さまざまなプログラムを通して参加者同士の交流を図りながら生活のリズムを整え、リハビリテーションを行う場となります。

　利用するには主治医の判断が必要で、通院での利用となります。デイケアにはさまざまなタイプがあり、日中6時間程度のものから日中3時間ほどのショートケア、16時以降のナイトケア、食事を挟むなどした10時間という長時間のデイ・ナイトケアまで用意されています。

　プログラムの内容は、実施している機関により異なりますが、年齢別や目的別のさまざまなプログラムが用意されています。例えば、利用者同士で行うゲームやスポーツ・レクリエーション、外出などを通して、対人関係構築や集団活動に慣れていったり、服薬用法遵守・再発予防の対処スキルを習得したりする内容で、それぞれを組み合わせて日常生活支援、復職支援（リワーク支援）、就労準備など、さまざまな目的のためのプログラムが用意されています。

精神科デイケアは、障害福祉サービスではなく医療サービスの一つです。健康保険が適用されますので、サービスを利用するに当たっては医療費がかかり、一定の自己負担をしないといけません。しかし、次に挙げる「自立支援医療制度」を利用することで自己負担額を抑えることができます。

表3 精神科デイケアの利用用途

デイケア	昼間の6時間程度を使う一般的なケア
ナイトケア	昼間働いている人や夜間に不安のある人など
ショートケア	長時間の参加に負担を感じる人や試行的に利用したい場合
デイ・ナイトケア	10時間というほぼ終日を施設で支援者と過ごすことになり、1日全体のリズムを整えたい場合

自立支援医療（精神通院医療）制度

精神科や心療内科への通院、精神科デイケアにかかる医療費についての自己負担額を軽減する公費負担医療制度です。統合失調症やてんかんの他、対象となる精神疾患において、精神科・心療内科医療機関への外来通院や投薬などが対象範囲となります。窓口自己負担額は設定上限を越えない範囲で医療費の最大1割です。自治体によっては、さらに助成制度を設けている場合もあります。有効期間は1年で、毎年の更新が必要となります。

対象となる医療適用範囲や登録できる指定医療機関の数（通常は医療機関が1ヶ所、薬局が2ヶ所）などの条件があるので、事前に医療機関や精神保健福祉センター、自治体窓口に問合わせて確認しておく必要があります。

なお、自立支援医療制度は、精神疾患だけでなく内部障害となる心臓ペースメーカー埋込・腎移植手術など、肢体不自由となる人工関節置換術にかかる医療行為についても適用範囲とされています（更生医療、育成医療）。

精神科訪問看護

　精神疾患の状態の不安定さから、外出が難しく通院での治療に困難さがある場合や、一人暮らしで身の回りの家事ができない場合、医師の指示のもと、看護師や精神保健福祉士、作業療法士などの専門スタッフが医療機関や訪問看護ステーションから自宅に訪問して、日常生活への支援や医療面のケアを行う制度です。利用するには、医師による訪問看護指示書が必要となりますので、利用を希望する場合は診察時に主治医に相談しましょう。

　精神科訪問看護の具体的なサービス内容としては、生活面においては食事や身だしなみ、部屋の片付けの仕方、対人関係の構築、社会資源（交通機関、銀行や郵便局、市役所など）の利用方法へのアドバイス、医療面においては身体状態観察、服薬管理などを行います。

　精神科訪問看護と同じようなサービスに、後で述べる「居宅介護（ホームヘルプ）」サービスがあります。医療サービスとして位置づけられる「精神科訪問看護」、福祉・介護サービスとして位置づけられる「居宅介護」は、いずれも利用可能となりますが、優先されるサービスなどの適用条件がありますので、事前にそれぞれの担当窓口に確認をしておく必要があります。利用するサービス内容とニーズとのマッチングや自己負担度合いを見比べて、利用するようにしましょう。

生活支援

　就労だけでなく、安定した日常生活を送ることはすべてにおいて基本になります。生活を送れるようにするために、当事者の障害の状況、介護者・家族の状況などに応じて、在宅での生活のさまざまな面でホームヘルパーが援助する制度として「介護給付」と呼ばれる障害福祉サービスがあります。また、「訓練等給付」の一つに、共同生活援助（グループホーム）による生活支援サービスがあります。利用に当たっては、すでに述べているように、サービス等利用計画案の作成から始めて、受給審査を受けなければなりません（p.102 図１）。

居宅介護（ホームヘルプ）―家事援助

　居宅介護とは、一人暮らしの場合など、障害特性により自分一人ではどうすることもできない家事があれば、ホームヘルパーが自宅まで赴き、手伝うというサービスです。例えば、掃除、洗濯、調理などの必要な日常生活の援助をしてもらえます。ただし、利用に当たって条件があり、指定曜日・時間であること、利用者立ち合いであること、そして利用者本人以外の人にも関わりがあるような行為などは利用対象と認められないことも多くあります。具体的には、家族の居室、日常生活を営むのに支障のない部屋、特別な場合を除いて浴室やトイレなどの家族の共有スペースも掃除範囲の対象外となります。他にも、大掃除や窓拭き、草引き・水やり、ペットの世話、家具の移動や家屋・家財の修理、正月や節句等特別に手間のかかる調理についても利用は認められず、他に日

中活動系サービスなど同様の福祉サービスを利用している間も対象になりません。そのため、必ず利用計画前のヒアリングで手伝ってもらいたいことをすべて挙げて、サービスとしてできる範囲なのかどうかを確認しておく必要があります。居宅介護には、上記に挙げた家事援助以外に身体援助、定期的な病院や診療所への通院等介助・通院等乗降介助も含まれています。

　このサービスの実際の活用例としては、働いている人でも体調が回復するまで、あるいは必要により、派遣されたホームヘルパーに食事を作ってもらったり、特性から苦手な家事、整理・整頓などの支援をしてもらっている人もいます。このように苦手な部分を支援してもらうことで日常生活における負担を軽減し、仕事にパワーを注ぐことも可能となります。

短期入所（ショートステイ）

　保護者、家族が病気やその他の理由（冠婚葬祭、出張など）により、一時的に日常生活支援（介護）ができなくなった場合、障害者支援施設などに入所して、入浴・食事などの手助けを受けられます。利用日数は原則として7日間以内（1泊すると2日と換算）ですが、個別事情により延長も可能です（連続利用日数は30日まで）。なお、自己負担割合は原則1割ですが、かかる食費などの経費は実費負担となります。

共同生活援助（グループホーム）

　家族や保護者の諸事情により一緒に暮らすことが困難な場合や、一人で暮らすには身の回りの家事に困難さがある場合、指定住居で共同生活をする中で相談、入浴、食事の介助、日常生活の援助を受けられます。

家賃、光熱費や食費などにかかる経費は実費負担となります（自治体により家賃助成もあります）。

発達障害のみのグループホームはまだ少なく、他の障害を持つ人と一緒に暮らすことになります。また、共同生活となるので、集団生活が苦手な人や感覚過敏があったり、周辺変化で精神的に影響を受ける人にとっては大変難しい環境になる可能性があります。

ここで注意しなければならないことがあります。障害者福祉、地域生活支援、介護保険、医療と異なる管轄にて、似通ったサービスが存在しています。それぞれに利用条件や制限があり、優先されるサービスもあれば、並行利用できるサービスもありますので、事前に自治体の障害福祉窓口や指定相談支援事業者に相談・問合わせをしましょう。

有償の生活支援サービス

公的な福祉サービス以外でも会員制の在宅福祉サービスが提供されている地域もあります。ボランティアの協力会員に訪問してもらい、有償で家事などの生活支援サービスを受けることができます。有償ですが、協力会員が対応しますので、1時間1000円程度と一般の民間サービスより割安です。体調が悪いときには、このようなサービスを利用して乗り切ることも必要です。体調が悪くなってからでは利用しようと思っても手続きが間に合いませんので、一人暮らしの人は常に、もしも体調が悪くなったらどうするかを考えて、事前に準備をしておきましょう。

健康なときにはこれらのサービスの利用を考えたことがないかもしれませんが、いざとなったときに使えると役立つに違いありません。さまざまなサービスを活用して、長いキャリア人生を乗り切っていきましょう。

成年後見支援

成年後見制度とは

　特性上、物事を判断することが苦手な方や、複雑な社会環境をよく理解できない方は、将来、家族らの保護者がいなくなると、不利益を被ったり、被害に合ったりする可能性が高まります。そうならないために、身近で見守る人がいなくなった場合に法的に選任された支援者が本人に代わって判断したり、一緒に取決めをしたりする権限を持たせる制度として「成年後見制度」（法定後見制度）があります。

　この制度では、当事者の判断レベルを3段階（後見、保佐、補助）に分けて、支援者として成年後見人等（成年後見人、保佐人、補助人）ができる支援が決められています（**表4**）。

　成年後見人等ができることとしては、金銭管理や介護・福祉サービスの利用手続き、契約行為、財産管理、不動産処理、相続手続きなどを本人に代わって行えます。ただし、後見人がサービス自体を実施・提供するものではありません。後見人を立てなくても、日常の金銭管理や福祉サービスの利用援助までであれば、地域の社会福祉協議会に相談し、手伝ってもらう方法もあります（日常生活自立支援事業）。

任意後見制度

　判断レベルで問題がないとされる場合には、任意後見制度を利用して、先に後見人を決めておくことも可能です。この制度は、本人の判断

能力が十分にあるうちに、将来、判断能力が不十分となった場合に備えて、自ら後見人となる人（任意後見人）をあらかじめ任意で決めておき、財産管理や療養看護などの支援範囲を契約で取り交わす制度です。この契約に基づき、将来自身の判断レベルが落ちた際には、家庭裁判所に申立て、取り決めた後見人を監視する監督人（任意後見監督人）を選任してもらい、後見人がきちんと後見事務を行っているかどうかをチェックし、本人の保護を図る仕組みになっています。

手続きや申立てなどには裁判所、弁護士、公証役場などが関係し、必要な費用も発生しますので、まずは自治体の障害福祉担当窓口、指定相談支援事業者、社会福祉協議会などに相談して進めていきます。

表4　成人後見制度の種類

判断能力状況	全くない	著しく不十分	不十分	十分
権限区分	後見	保佐 （法定後見）	補助	任意後見
支援内容	日常生活上の金銭管理、福祉サービスの利用援助[※]、財産管理・取引（金融機関、支払）、契約行為、遺産・相続手続き、不動産管理など			

（※）不十分な場合、社会福祉協議会の日常生活自立支援事業も活用できる。

成年後見支援センター

成年後見制度の推進機関として各地域に成年後見支援センターが設置されています。成年後見制度の利用や権利擁護に関する相談受付、市民後見人養成研修、市民後見人の活動支援などを行っています。

なお、成年後見制度に関する相談は、市区町村に設置されている地域包括支援センターや日本司法支援センター（法テラス）、専門職の団体（弁護士会、司法書士会など）などで相談することも可能です。

地域生活支援事業

　都道府県と市区町村それぞれが、日常生活における障害福祉サービスとなる相談支援事業、移動支援事業、地域活動支援事業、成年後見制度利用支援事業他、地域生活支援として独自のサービス事業を実施しています。その中でも、相談支援事業については、障害福祉サービスを利用するうえで欠かせない事業となります。

相談支援事業

　障害福祉サービスを利用する際には「サービス等利用計画案」を作成しなければなりません。そのため事前に指定相談支援事業者[*]と相談支援の利用契約を取り交わすことになります（p.102 図1）。他にも一般的な福祉サービスや社会資源の活用、専門機関の紹介などの相談にも応じてもらえます。判断能力が不十分な当事者が、成年後見制度を利用できるように便宜を図る支援も行っています（成年後見制度利用支援事業）。障害福祉サービスの内容や利用方法・条件、実施事業所の情報提供なども行っているので、詳しく問合わせてみてもよいでしょう。

　事業者の名称だけでは判断できなかったり、一つの支援事業所がいくつもの事業を担っていたりすることもあるので、どんなサービスを受けられるかは地域により異なります。そのため、実施事業者を確認するために、自治体福祉担当窓口に問合わせるようにします。

（*）　指定相談支援事業者とは、「総合的に相談支援を行う者」として、厚生労働省令で定める基準に基づき市町村の指定を受けた者を指す。

支援者の導入―職場定着のために

　障害者雇用枠で就労する場合、受入れる職場も当事者もお互いに不安があります。例えば、当事者側は仕事自体をこなせるか、求められる立ち居振る舞いができるかどうかなど、職場側は仕事の内容や提供の仕方、指示命令の出し方、他に職場での関係構築の仕方や保ち方などが懸念事項として挙げられます。そして、最も重要で難しいこととして、当事者と職場のお互いが考える配慮の折り合う位置を探さなくてはなりません。

　このような課題の解決や軽減を図り、円滑な就労継続を促進させるためには、外部から支援者を職場に招いて、職場担当と当事者の間に入ることが最も望ましいかたちとなります。近年では、採用段階で公的な支援機関や支援員とつながりを持っていることを求められることがあります。ただ、業務内容の特殊性や企業固有の事情などから外部支援が入りにくい職場もありますので、事前に確認しておく必要があります。

　求人情報や企業情報についてはハローワークの専門援助窓口、職業評価や訓練などは職業センターのカウンセラーや指導員、仕事のやり方や職場生活での振る舞いなどはジョブコーチ、日常生活・家庭生活面では保護者以外に障害者就業・生活支援センターの生活支援員など、それぞれの支援者に得意とする場面があります。複数人の支援者と組み、職場・社会生活を営んでいくことが就労定着には欠かせない条件となります。ただし、急な支援申入れでは当事者の特性や現在までの経緯の把握、支援者との信頼関係の構築ができているわけではないため、効果的な支援を受けられない場合があります。したがって、就労を考え出す早い段階から相談や支援の申入れをしておくことがよいと言われています。

地域で家庭を築き暮らしていくために
―乳児院での保護者支援を通して

乳児院職員　小林ゆかり

◎ 乳児院とは

　著者はふだん乳児院にて、主に里親を支援する相談員として勤務しています。子どもたちの入所中のみならず、乳児院から家庭に帰っていく子どもの保護者支援や、退所後の継続的な相談支援も業務の一環です。

　乳児院は、児童福祉法第37条で次のように規定されています。「乳児院は、乳児（保健上、安定した生活環境の確保その他の理由により特に必要のある場合には、幼児を含む。）を入院させて、これを養育し、あわせて退院した者について相談その他の援助を行うことを目的とする施設とする。」

　乳児院とは、さまざまな事情により、家庭で生活することのできない、主に生後5日目くらいから3歳未満の子どもたちを預かる施設です。戦前および戦争直後は孤児院と呼ばれていましたが、この施設に入所してくる子どもたちの様子は、社会や時代の流れとともに変化してきました。

　乳児院の入所主訴として、近年最も多いものの一つが、母親の精神疾患です。発達障害のある母親は、産後、仕事と子育ての両立が難しく、産後うつになりやすいと言われています。当院を利用されている保護者を見ていても、いろいろな手順を踏んで進めていく、料理のような作業が苦手な人も多く、家事一つをとっても生活がうまくいかず、産後うつになりやすいということが理解できます。

◎ 発達障害の疑いがある保護者との出会い

　著者が、発達障害が疑われる母親に出会ったのは、数年前のことでした。児童相談所の児童福祉司からは、関係の取りづらい母親、話の内容を理解することが苦手な母親という事前説明がありました。その母親は大学を卒業しています。学歴は高いのに、どうして会話の理解が難しいのだろうという単純な疑問が著者の中にありました。

　入所主訴はネグレクト（児童虐待の種類の一つ。養育者が、子どもに対して衣食住や精神的・医療的なケアを十分に行わないこと）でしたが、1歳を過ぎている子どもに対して毎日母乳をあげて欲しいと冷凍母乳を宅急便で送ってきたり、面会中に子どもが少しゆるめの便をしたことに対して、「下痢をしている」と言い、病院受診をして便の検査をして欲しいと譲らなかったり、理解に苦しむ行動が目立ちました。のちに母親にアスペルガー症候群の疑いがあることを知るのですが、当時は、どうすれば母親と上手くコミュニケーションが取れるようになるのか、ということばかりを考えて対応していたように思います。

　そこで私たちは、母親と対応するときの窓口を一本化しました。乳児院では、保育士、看護師、相談員、心理士など他職種がチームになって、それぞれのケースに対応します。当ケースでは、相談員が窓口となり、一貫した対応をすることでトラブルを防ぐように努めました。さらに、乳児院としてできることと、できないことをきちんと伝えるようにしました。窓口を一本化することで、当初に比べると、母親との関係も少しずつ構築できるようになっていきました。とは言え、今日はとても穏やかにいろいろなやり取りができたと思っても、次の日には母親にとって何か想定外のことが起き、それまでの関係はなかったかのように怒り出すという一進一退の側面もありました。

　また、母親は子どもの様子を確認するため、毎日電話をかけてきま

した。そのたびに、毎回必ず聞かれたことは、子どもの体温、そして何をして遊んだかということです。これは、私たちが母親に発達障害があるかもしれないと疑い出してからのことですが、電話では、毎日同じ順番・同じ内容で話すことを心がけました。すると、母親との電話のやり取りはとても穏やかなものに変わりました。一方で、話す順番や内容が変わってしまうと母親が不機嫌になるのがわかりました。

　母親は仕事をしていましたがあまり長続きせず、その理由を聞くと人間関係がネックになっているということでした。とても頭の良い人でしたので、自分の苦手なところは自分で理解していましたし、母親と私たちとの間に、ある程度関係が構築できてからは、母親から職場での人間関係の悩みを聞き、上司に母親自身が抱えている課題について相談してみてはどうか、という助言をしたこともありました。その後、母親は同僚や上司とあまり関わらずマイペースでできる仕事をみつけて転職しました。

　この母親から私たちが学んだことは、発達障害のある母親の人間関係のつくりづらさや考え方の偏りを私たち支援者が理解して、母親にも受け入れやすい言葉や方法で伝えてあげること、また日本人特有のあいまい表現をなるべく使わずに、はっきり伝えてあげることで母親の支援が可能になるということでした。

◎ アフターケアとは

　乳児院では、退所した子どもの保護者に対しての支援も行っており、それをアフターケアと呼んでいます。以下は、アフターケアで相談を受けたケースです。

　この家庭は子どもが乳児院から退所したのち地域で生活をしていましたが、経済的困窮から支援の相談を受けました。著者が勤務しているのは乳児院ですから、子育ての悩みについての相談であれば、もち

ろんいくらでも一緒に考えて対応することができるのですが、経済的な問題については乳児院では解決できません。それでも、子どもの入所中にできた関係をつてに、相談してきてくれたのだと思います。まずは、どのようなことに困っているのか、生活状況、経済状況を詳しく聞き取り、行政の生活保護の窓口につなぐことにしました。

◎ 発達障害の疑いのある保護者が地域で生活するために

　前述した家庭の父親には、行政の窓口で生活保護の相談をするために必要な書類を説明しましたが、後日電話があり、「相談に行ったが、門前払いをされてしまった」ということでした。詳しく話を聞いてみると、書類の準備が十分にできていなかったことがわかりました。再度、父親に必要な書類を伝え、次は著者も一緒に窓口へ行くことにしました。

　この時点で、この父親の子どもが乳児院に入所していたときの記録を読み返してみると、父親に発達障害の疑いがあることが記述されていました。父親には生活困窮に至った経緯をノートに簡単にまとめるようアドバイスし、生活保護の窓口では、父親が行政の相談員へ説明するのを聞きながら、必要があれば補足をしていきました。相談の結果、生活保護の対象になる可能性があるとのことで、申請手続きを進めることになりました。

　数日後、再び父親から電話があり、「必要な書類を揃えて申請に行ったが、窓口の人が書類も見ずに、『申請しても生活保護の対象にならない』と返されてしまった」と言うのです。慌てて行政の生活保護の窓口へ電話をして、内容を確認しました。すると、前回窓口で対応してくださった方は不在で、別の相談員が対応したため、前回話した内容を父親は一人でもう一度説明しなければならなかったようです。再度、著者が今までの経緯を説明して理解していただきました。次の申

請の際には、この相談員を指名するよう父親に告げました。その後、生活保護の申請は無事にできたという連絡を受けました。

◎ 地域で困らずに生活するために

　この父親は、相手がどのような答えを求めて質問をしているのか想像したり、筋道を立てて話をしたりすることが苦手でした。

　しかし、私たち支援者がそれに気づき、父親ができるところは自分でしてもらい、苦手な部分を少しだけ手助けすることで、地域での生活が可能になりました。

　発達障害と一言で言っても、上記に挙げた２ケースのように、その特徴はまったく違います。発達障害だからと身構えたり、倦厭(けんえん)したりするのではなく、その人が今困っていること、苦手に思っていることを理解し、手助けをしたり、その人が受け入れやすい言葉や方法で話しをしたりするだけで、子育てや仕事ができるようになるのではないかと思います。また、当事者の中には、最初に挙げた事例のように、ご自身で苦手とするところを理解している人もいます。その人の苦手とすることを聞いてみるのもよいのではないでしょうか。

　このように発達障害のある人が家庭を築き、子どもとともに地域で生活していくときには、周りの人の少しの理解、少しの寄り添いがあるだけで、地域の中でしっかりと自立して生きていくことができるようになるのではないかと思います。

第 6 章

家族との関わり、社会との関わり

働いている人の相談先がない？

　現在、発達障害のある人が就労するための制度（第5章参照）は充実してきていますが、就業中の人が悩みを相談できるところは意外と少ないのが現状ではないでしょうか。

　就業中の人への支援としては、「地域障害者職業センター」の職場適応援助者（ジョブコーチ）による支援（p.107参照）や復職支援（リワーク支援、p.82-p.87参照）があります。また、障害のある人で、就労・就労継続を希望する人に対しては、雇用・福祉・教育などの関係機関と連携しながら、就労とそれに伴う生活への相談・支援を行う機関として「障害者就業・生活支援センター」（p.109参照）があります。これらの支援機関は、これから就業を考える障害を持つ人にとって、身近な地域で就業と生活の両面からの相談・支援を得られる場所として、とても便利だと思います。

　しかし、発達障害を持ちながら一般就労を長く続けている人でも、発達障害の特性により就業上の困難さが明らかになった、なんらかの環境の変化などにより、時を経るにつれて二次障害が生じ、就業継続が困難になってきているなどの問題を抱えることがあります。何か困ったときには家族や友人に相談するのが一般的ですが、相談できる家族が近くにいない場合もあります。社交的とは言えない発達障害のある人の日頃のネットワークには限りがあり、ことが起こってからでは、個々の問題の解決のための相談先を見つけるのは非常に難しいというのが実情です。しかし、困ったときのためにこそ、いざというときの相談先をみつけておかなくてはなりません。

助けを求めよう

✓ 生活支援が必要になるとき

　発達障害のある人が職場での出来事や人間関係などで必要以上にストレスを感じ、精神的に追い詰められた状態が続くと、体調が悪化して日常生活を送るうえで支障をきたす場合があります。自分で気持ちの切り替えができる人はよいのですが、発達障害のある人の中には一つの考えから逃れられなかったり、自分をどんどん追いつめてしまったりする人がいます。強いストレスを感じると、身体症状としては脈拍の増加、血圧の上昇、呼吸数の増加、緊張の増加、不安の増加などを引き起こします。このような状態が長く続くと食欲がなくなったり、病気になりやすくなったりします。

　また、仕事には、失敗してはいけないというプレッシャーや、守らなくてはならない締切り、人間関係などさまざまなストレスの要因がありますが、過剰なストレスがその人の限界値を超えてしまうと、心身の健康のバランスが崩れ、うつ病や適応障害などのメンタルヘルス不調になってしまいます。あるいは、意欲の低下、やる気や集中力の減退、疲れやすい、持久力の低下などの症状が出る可能性もあります。

　何に対しても意欲を持てず、思考力や判断力が低下し、それまでできていた日常の家事さえこなせなくなり、日常生活を送るうえで支障をきたすようになります。日常生活に支援が必要になった場合、未就労の人はもちろん、就労している人も、障害福祉サービス（p.101参照）の利用をぜひとも検討してみてはいかがでしょうか。

生活の変化が与える影響

✓ 「結婚」による変化

　発達障害のある人はさまざまな変化に弱いと言われますが、私生活の変化も就業生活に大きな影響を与えます。仕事と家事の両立という課題は発達障害のある人だけに限った問題ではありませんが、発達障害の特性のために、就労を継続するだけでも精一杯の女性が結婚した場合、仕事と家事の両立にはさらに大きな負荷がかかります。

● Mさんの場合　アスペルガー症候群
　Mさんは障害者雇用枠での入社3年目にかねてよりお付き合いしていた男性と結婚し、相手のもとに転居しました。結婚するまでの通勤時間は1時間ほどでしたが、一人暮らしでマイペースに家事をこなし、毎日を過ごしていました。転居した先から会社までは1時間半かかります。1日の通勤時間が片道30分増えたことで、これまでのMさんのペースでは日々の家事を進められなくなりました。往復1時間の変化による疲れは想像以上で、Mさんは帰宅するなりばったり倒れて動けない日々が続きました。ご主人は開放的な性格で面倒見がよく、妻が疲れ果てて家事ができないことについて何かを言うような人ではありません。むしろ、どのように工夫すればよいかを一緒に考えてくれる人ですが、仕事で帰りが遅く家事を手伝うことは不可能でした。Mさんは自立してから長い時間が経っており、家事のスキルには問題ありません。通勤時間による体力の消耗に慣れるためには、かれこれ半年間かかりました。

● Nさんの場合　AD/HD

　Nさんは障害者雇用枠で就業開始したわずか5ヶ月後にそれまでお付き合いしていた男性と結婚し、実家を出て新居を構えました。就職した会社は実家から1時間以上かかりますので、体力のないNさんがフルタイム勤務で続けていけるだろうかと入社当初から心配がありました。新居が勤務先に近い場所であればよかったのですが、ご主人の勤務地、住居費などの関係もあり、結局実家から20分ほどの郊外に住居を借りることになりました。そのため通勤時間は約1時間と、それまでと大きく変わりませんでした。

　新婚生活が始まりましたが、慣れない家事もこなさなくてはならなくなったNさんに疲労の色が強くなってきました。それまで実家で生活していたNさんは自分のことだけやればよかったのですが、今度はご主人の分の家事もこなさなくてはなりません。ましてや、ご主人が料理、洗濯などの家事は女性がやるものと思っている場合、家事に関して何の協力も得られないため、Nさんの負荷は何倍にも増すことになります。Nさんは妻として必死に家事をこなそうと精を出すのですが、頑張ろうと思えば思うほど、慣れている人の何倍も家事に時間がかかり、疲労が蓄積していきました。そうこうしているうちに疲れがたまり、職場でもうっかりミスの増えてきたNさんでしたが、次第に勤務を休むことが多くなってきました。結局、仕事と家庭の両立は不可能ということで退職することになりました。

　発達障害のある人は新しい環境に慣れるまでに時間がかかります。また、特に女性にとっては結婚や出産など、プライベートの変化が就労に大きな影響を与えます。Nさんは、就業開始してまだ5ヶ月での結婚という大きな出来事による生活の変化を、うまく乗り切ることができませんでした。

第6章　家族との関わり、社会との関わり

「出産」による変化

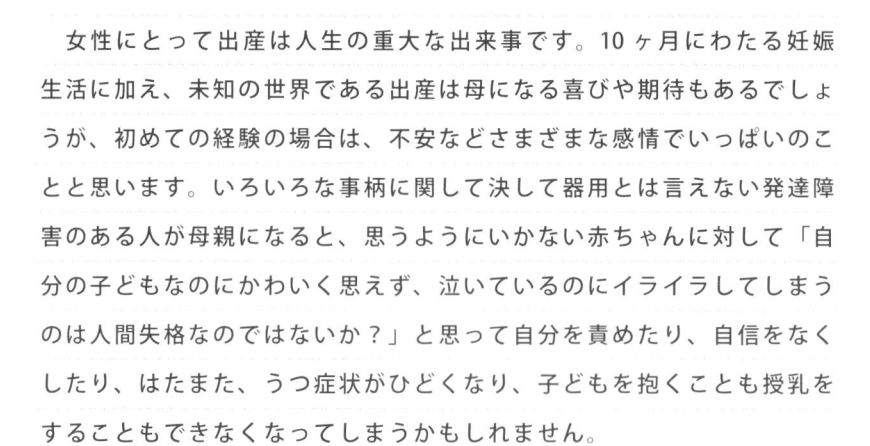

　女性にとって出産は人生の重大な出来事です。10ヶ月にわたる妊娠生活に加え、未知の世界である出産は母になる喜びや期待もあるでしょうが、初めての経験の場合は、不安などさまざまな感情でいっぱいのことと思います。いろいろな事柄に関して決して器用とは言えない発達障害のある人が母親になると、思うようにいかない赤ちゃんに対して「自分の子どもなのにかわいく思えず、泣いているのにイライラしてしまうのは人間失格なのではないか？」と思って自分を責めたり、自信をなくしたり、はたまた、うつ症状がひどくなり、子どもを抱くことも授乳をすることもできなくなってしまうかもしれません。

　出産を経験した女性の10〜15%が産後うつを経験すると言われています。赤ちゃんの世話で睡眠が十分とれず、ひたすらオムツ替えとミルクを与えることの繰り返しです。食欲不振や不眠、体がだるくなり起き上がるのも一苦労という状況の場合、うつ症状が出ているかもしれません。そのような状態が続いたら早目に医療機関を受診しましょう。

新米ママの支援

　最近では、産後うつあるいは産後の疲労で育児が追いつかない新米ママの育児支援というニーズが増えているようです。実家の支援が受けられればよいですが、遠距離などで、親に育児を頼めないケースもあります。また、育児に熱心で真面目なママにかぎって「マニュアル通りに育児が進まない」と悩むことが多いようです。そんなとき、精神科訪問看護サービスを利用すれば、看護師等の専門スタッフから日常生活や医療面での支援を受けることができます（p.120参照）。

発達障害を抱えながらの育児

● Oさんの場合　アスペルガー症候群

　発達障害のあるOさんは出産後も子どもを保育園に預け、ずっと仕事を続けていました。問題の発生は会社の決算の時期を控え、猫の手も借りたいほどの忙しさの４月にかけての時期でした。子どもが小学校に入学することになりましたが、新しい環境の変化へのプレッシャーで通学をぐずるようになりました。加えて、４月からの学童保育はそれまで子どもを預かってもらっていた保育園に比べ、時間の融通が利きません。職場に対してはフルタイム勤務から時短勤務への切り替えをお願いしなくてはならなくなりました。

　Oさんの子どもは、小学校に行くことの不安と、それまで慣れ親しんだ保育園から学童保育へという二重の変化で、どちらも毎日行き渋るようになってしまいました。いくらOさんが言い聞かせても、泣きながら「学校へは行かない」と言い張る子どもの対応に疲れ果て、Oさんは会社を休むことが多くなりました。

　泣き続ける子どもを前に途方に暮れ、周囲のいろいろな人に相談しましたが、同じ年代の子どもを持つ母親からは「子どももそのうち慣れるわよ」と言われるばかりでした。そう言われてもどうすることもできない日々が続きました。

　折しも職場は決算で忙しい時期。仕事における猛烈な忙しさも加わり、とうとうOさんは自分の体調まで悪化させてしまいました。Oさん自身体調が悪いので家で横になっていると、家にいる母の姿を見て、相手をできない状況にもかかわらず、子どもは学童には行かず、嬉々とし

て帰宅します。Oさんが寝ているかたわらで子どもはテレビを観るなど一人で遊んでいました。Oさんは夕方には子どもから「起きて〜」とせがまれることもあったそうです。

会社も時短勤務などへの変更など配慮をしてくれていましたが、有給休暇を使い果たした結果、長期に休まれても困ると言われ、Oさんはついに退職を決心しました。子どもが小さい間は子どもを優先しようと考えたためです。

Oさんの退職後半年が経った頃には、Oさんの子どもは小学校、学童保育にも慣れ、楽しそうに学校生活を送るようになりました。誰しも環境が変わると緊張がありますが、時間が経ち、慣れてくると大丈夫なようです。

相談相手は少人数が無難

Oさんのように発達障害のある人は何か問題を抱えたり、壁にぶつかったときに解決する手段を持っていません。そのために一つがうまくいかなくなると、自分の体調も悪化させ、すべてのことが連鎖してうまくいかなくなってしまうことがあります。

また、Oさんは困ったときに、子どもを通じて知り合ったママ友や、学童保育の先生、カウンセラー、地元の保健師さんなど、さまざまな人に手当たり次第に相談し、いろいろなことを言われると混乱して、余計にどのようにしたらよいかわからなくなってしまったこともあったようです。

このようなケースはOさんだけではありません。発達障害のある人は多くの選択肢の中から選ぶことが苦手です。普段から相談をするのは、信頼できる1〜2名にしておくのがよいでしょう。

発達障害の子どもを持つ母親への支援

● 診断が出るまで、出てから

　Ｐさんの息子は生まれたときは約3200グラムの正常出産でしたが、小学１年生の終わり頃に小さいてんかんの発作が起きてから、発達の退行が見られるようになりました。２年生になり、小児精神科に予約を入れるも半年待ちで、ディスレクシア（読字障害）と自閉症スペクトラムの傾向があると診断が出たのは３年生になってからでした。診断が出るまでには勉強が遅れてはいけない、字が書けるようにとつきっきりで勉強させましたが、次の日には忘れてしまうという状況で、息子は「ボクはあんなに勉強したのに」と試験結果を見るたびに壁に頭をぶつけ、自分をつねるような行動もありました。Ｐさん自身は息子が同級生に比べて子どもっぽいのは性格によるものと思っていましたが、診断が下りたことでホッとする部分もありました。このまま無理して頑張らせるよりも、必要な支援を求めるほうが本人のためにもよいと考えたからです。

　現在Ｐさんの息子は４年生です。３年生から通常クラスに所属しながら、週１回通級クラスに通っています。通級クラスではグループや個別でのプログラムがあり、その内容は苦手さを持つ子どもたちに役立つものだと思っています。一方、療育を受けさせようと療育センターを訪ねるものの幼稚園児、保育園児で既に定員オーバーのため申込みすらできません。読み書きやじっとしていることに困難さを持つ児童のための講座（有料）等に参加すると、月数万円単位の費用がかかります。ディスレクシアの子どもたちに自信をつけさせるようなプログラムには参加させたいと思っており、Ｐさんは日々情報収集に邁進しています。

● 環境調整

　小学校では板書が苦手なＰさんの息子のために、算数の時間に「入り込み指導」をしてもらっています。加配教員に側についてもらい、板書の内容をまとめて書いてもらったり、「担任の先生が言ったのはこういうことだよ」と補足してもらえるので安心です。４年生から体育会系の声の大きい先生が担任になりました。Ｐさんの息子は薬の服用の関係で少しぼーっとしていることがありますが、授業に集中させようとする先生からあごを手でぐいっと持ち上げられたり、机の上を手でドンとたたく音が怖くて学校に行けなくなりました。本人が怒られたのではないのですが、他の生徒を注意して怒る声がガンガン響き、側にいたＰさんの息子は怯えてしまったようです。それをＰさんが学校に申し出たところ、息子と一緒に学校に呼び出され事情を聴かれることになりました。結局、Ｐさんの息子が怯えた原因の事実は否定され続け、それ以降学校でどんなことがあったかは「お母さんに言うと先生に話すからイヤ」と何も話してくれなくなってしまいました。担任の先生は「将来のためにも板書に慣れるように」と言いますが、「板書をすると字を書くことに一生懸命で、言われた内容を聞けなくなってしまうので困っています」とＰさんは語ります。担任の先生によって学校での過ごしやすさは大きく変わります。Ｐさんの奮闘はこれからも続くことでしょう。

● 心のよりどころ

　目下のＰさんの支援を得られる場所は、親の会だそうです。月に一度のお話会では現在困っていることや悩んでいることなど思いの丈を話すことができ、同じ悩みを持つ保護者同士、話を聞いてもらい、理解してもらえるばかりでなく、多くの先輩保護者から助言をもらえます。自分の話を聞いてもらえる場所、理解してくれる人たちが何よりも大切です。

親の想い

　わが子の発達障害に気づいた保護者、特に母親は子どもの成長のために医療、教育、福祉とさまざまな支援を求めて奔走します。日々の子育てに一生懸命な母親に比べて、残念ながら父親のほうは仕事があるということもありますが、子どもと一緒に過ごす時間を重視し、イベントに一緒に参加するほど熱心な人の数は圧倒的に少ないようです。療育に奔走する保護者の方々は発達障害の子どもたちの成長を見守りながら学校生活の日々をともに過ごし、将来の就労そして自立のため、身を粉にして活動される方も少なくないと思います。母親は発達障害について必死に勉強し、仲間と集い、子どもたちの社会性を高めるための活動を行ううちに、お互いの交流・情報交換の場も用意したいと思うようになります。そして、発達障害児者支援のための質の高い支援制度が少しでも早く整うようにと、行政に対しても要望活動を行っている団体もあります。

　例えば、所沢・発達障害児者を支援する会「よつばくらぶ」は発達障害の子どもたちの成長と就労・自立を支援するために活動しています。毎年4月2日の世界自閉症啓発デーには2日～8日の発達障害啓発週間を中心に、所沢市と協働で啓発の取組みを行っています。そのイベントではさまざまな団体の展示がありますが、その中に発達障害の子どもを育てる親の想い、子どもの想いを書いたメッセージを掲示したコーナーがあります。親の想いのコーナーでは教室で孤立するわが子を心配する保護者の想い、親が必死に教えようとしても気持ちが伝わらない哀しさ、一味違う子を育てる気持ちが語られています。これらのメッセージを読むと、保護者はもちろんのこと、発達障害を知る人は保護者の苦労

とわが子への想いがつづられているので涙なしには読めません。ここではそのメッセージのいくつかをご紹介したいと思います。

『発達障害とわかった日。初めはうけとめられず泣いた日々。でも今は個性と思って子どもを応援できる。ちょっとしたことも10倍喜べる』

『わかっているけどできない。自己嫌悪に落ち込んだり、過剰に空回りしたりし、孤立しているわが子。親は何をしてあげられるのだろう。心が痛い』

『なかなか周りから理解されず嫌な言葉をたくさん浴びせられてきました。でも今、新しい仲間と出会い、「そうだよね」「わかるよその気持ち…」と受け入れてくれる場所を見つけ、前向きに頑張ろうとしています。それぞれ個性がある…「みんなちがってみんないい」と思うのです』

『「見ていない・聞いていない・話していない」健常のヘレンケラー。メルヘンの中でゆっくり暮らしている。私も癒されている。涙を流した分だけ、自分を、人を、大切に思える人になりました。ほかの人より遅い分、長く生きてほしい。今よりできることがたくさん増えているから…』

『親亡き後の事をよく考えます。以前は暗い気持ちになっていましたが、今はそれまでに身に付けさせたい事がいっぱいで落ち込んでなんかいられない。幸せな人生を送らせてあげたい。送ってほしい…』

●**所沢・発達障害児者を支援する会「よつばくらぶ」のサイト**
http://homepage2.nifty.com/yotsubaclub/

カサンドラ症候群

　「カサンドラ」とはギリシャ神話に登場する王女の名前で、預言能力を持ちながら誰にも信じてもらえませんでした。その様が、パートナーである発達障害（アスペルガー症候群やAD/HD）の夫とのコミュニケーションがうまくいかず、共感性の欠如に接し、そのことを他人に話しても理解されない妻の状況に重なるとして「カサンドラ症候群」との呼び名が広まりつつあります。発達障害の夫を持った妻は夫と会話しても、自分の気持ちが伝わらず、わかってもらえないことから悩み、自信を失い、体調にも影響がでます。また、世間的にはバリバリ活躍し、問題なく見える夫への不満を口にしても、周囲に信じてもらえず、「皆同じよ」「よくあるよね」と真剣に聞いてもらえないことで、その心理的な葛藤から精神的、身体的な不調を感じるようになります。症状としては抑うつ、怒り、不安、無気力、低い自尊心、自己喪失などがあります。

　Qさんは結婚して10年目、小学生の子どもが一人います。発熱や耳鳴りなどの体調不調が長らく続き、あらゆる病院のすべての外来を回り、行き着いたのが心療内科でした。ご主人とは学生時代からの付き合いで、当時は常識にとらわれず自由奔放なところに魅力を感じていました。比較的自由度の高い業界で思うように活躍できているので、そのときどきのマイブームでさまざまな高級な趣味に没頭するなど自分勝手な行動はありましたが、仕方がないと思っていました。しかし、あるときからご主人の行動とこれまで許してきたことの数々が許せなくなりました。子どもが小学校に入学し、規則正しい生活をしたい、夜ふかしの生活習慣と行動を改めて欲しいと強く思うようになりました。また、直して欲し

いことを依頼しても、怒っても、ご主人はわかってくれず、「一回謝ったのになぜ怒る」と逆切れするという繰り返しでした。Qさんは体調がさらに悪くなり、Qさん自身の心療内科の通院にご主人も連れていったそうです。その結果、医師から夫にはAD/HDの傾向があると言われました。ご主人は「あなたも通いなさい」と言われても、すぐに飽きてクリニックへ行かなくなってしまったそうですが、特性がわかってからは態度が180度変わったそうです。お互いに気をつけ、ぶつからなくなったこともありますが、ご主人は怒り返さなくなり、Qさんは変わらないと思っていたご主人が、努力して変わったことに驚いたそうです。

　Qさんはこう語ります。「今も悲しくなることも、頭にくることもしょっちゅうあります。二人でいるのに、物のように見られていて寂しく感じるときもありますが、私が求めるかたちではなく、別のかたちで愛情を返してくれます（うれしそうにプレゼントを買ってきてくれることがあります）。私が出かけるところにはニコニコしてついてきます。見た目は立派な大人でも中身は子どもだと思ってうまく付き合っていこうと思っています。子どもも夫と同じ発達障害のジャイアン型（多動・衝動タイプ）ですが、失敗しても『ごめんなさい』と『ありがとう』を言える子に育てます。人のせいにしないで、自分のこととして素直に受け止められる子に育てるのが目標です。私の場合は話を聞いてわかってくれる友人がいるのが救いになっています。特性が個性として認められるような社会になり、その中で自分なりの対処法を見つけてうまく生きられたらよいと思います」

　カサンドラ症候群の対処には、自分が付き合っている相手に対して"期待できること"と"期待できないこと"を区別することで、剥奪される感覚を減らせます。また、話を聞いて理解してくれる人の存在が何よりも必要です。

誰もが支援を求めている

思考の堂々巡りからの脱出

　誰もがそうであるように、就業開始後はさまざまな問題にぶつかります。世の中にはうまくいっているときばかりでなく、何をやってもうまくいかない時期もあります。うまくいかないことばかりを気にすると、余計うまくいかなくなります。発達障害のある人の中には「何とかいい方法はないか？」「何がいけなかったのか？」と一生懸命考える人が少なくありません。何とかこの状況が変わってくれないものかと期待したり、空想してみたりするかもしれません。しかし、考えても実際に答えが出ることはありません。余計に焦り、不安になり、恐れが強くなり、また考え込んでしまい、思考が堂々巡りしてしまっていませんか？　考えることが不安や恐れといった感情から逃げるための行為になっていませんか？　そういうときには視点を変えて、自分は「どうしたら前向きに考え始められるのだろうか？」「もし、誰かに助けてもらうとしたら、誰がいいだろうか？」というように考えてもらいたいと思います。

理解者の存在

　発達障害のある人は、職場の人間関係などで困ったときに相談できる支援者を必要としています。最近では企業の中でも精神障害や発達障害のある社員には就労支援機関に登録し、支援者を決めておくことを推奨する企業も増えてきています。どの支援機関も多忙で、いざ相談したく

ても予約がなかなか取れないことがあると聞いています。また、一部の就労支援機関にはとても若い支援者も多く、大学を卒業して間もない支援者ではどこまで相談に乗れるのだろうかと不安になることがあるかもしれません。あるいは、特例子会社での経験や知的障害の人と一緒に過ごした経験のある支援者でも、もしかしたら発達障害にはそれほど詳しくないかもしれません。しかし、特例子会社や就労支援機関でなくとも、理解してくれる人はいます。具体的な性別、年代、役職などのカテゴリーを伝えることはできませんが、著者の経験上、持って生まれた資質として、柔軟な考えを持ち、困っている人々を理解し、さりげなくサポートできる人はいます。支援者でないとすれば、理解者あるいは通訳者と言ってもよいかもしれません。そのような人たちが発達障害のある人の困りごとについてじっくり話を聞いてくれれば、何よりも安心しますし、解決の糸口が見つかるかもしれません。また、誤解が生じそうなときには実際の言葉の意味を通訳（わかりやすく説明）してもらえれば、その後の問題の回避につながります。このような資質を持った人たちが発達障害についてより理解してくれると、社会は大きく変わっていくでしょう。

困ったときには相談しよう

　発達障害のある当事者はもちろん、保護者、兄弟にいたるまでそれぞれが自分にとっての支援を求めています。困ったときは周囲に相談し、助けを求めてよいのです。一般企業に就職した人は職場での理解者、保護者の場合は先輩や会員仲間、学生時代からの友人ということもあるでしょう。誰しも、自分の話を聞いてくれる人を求め、そして自分を理解してもらうことを期待しているのだと思います。お互いがそれぞれに理解を深め、信頼できる存在として長く付き合っていけることを願います。

発達障害の人のキャリア&ライフ

✓ 発達障害にとらわれない

　大人になって発達障害の診断を受けた人の中には発達障害を知ろう、情報を得ようと多くの文献を読み、関連セミナーなどにも足繁く通って勉強する人がいます。なかには、発達障害について専門家のように実に詳しい知識を持っている人もいます。しかし、発達障害を知ろうとのめり込み過ぎてしまうことは、本人にとってよくないことかもしれません。というのは、自分が発達障害であることを意識し過ぎるあまり、苦手なこと、できないことばかりが強調されて、今までできていたことができなくなってしまう可能性があるからです。発達障害であることを知り、受け入れることで、より快適に生活していくために苦手なことは避け、より楽になるための工夫につなげることが最善の策だと思います。

✓ 自分探し

　発達障害の診断を受けてから自分探しをする人も多いのですが、自分探しにこだわっていてもよい結果につながらないことがあります。自分も社会も時間の経過とともに変わっていくもので、一つの答えはないかもしれません。自分探しに時間をかけるよりは、いま何ができるのか、いますべきことは何なのかを考え、そして行動を起こすことが大切です。自分のやるべきことがわかっていながら最初の一歩を踏み出せずに躊躇している人は、就業継続できるだけの体調を維持しながら、できる

ことを少しずつ増やしていくことが重要と言えます。

✓ 余暇の過ごし方

　仕事に打ち込んで職業生活を継続することは大切ですが、休息を取ること、余暇を充実させることも大切です。「平日は仕事だけ、自分は体力がないので週末は寝ているだけ」と言う人がいます。しかし、疲れるから何もしないという生活はとても残念です。ひとたび物事を考え始めると思い詰めやすい発達障害の方々が、身体を動かすことはとてもよいことだと思います。発達障害のある人は気持ちの切り替えがしづらいために、思考の堂々巡りから逃れにくいところがあります。身体を動かすことにより、意識が身体の動きに集中し、そのひとときはネガティブな考えを遠ざけることができます。身体を動かすこと（体力を使うスポーツなどでなくとも、自分が興味を持って楽しめること）を気持ちの切り替えの一つの手段として意識的に取り入れてみて欲しいと思います。

✓ 休息を取る

　発達障害を持つ人の中には毎日を忙しいスケジュールで過ごさないと安心できない人も多いですが、体調を維持するためには意識して休息を取ることが必要です。疲れていることに気づかない人も多く、休息を取ることすら思い浮かばないかもしれません。短い休息を取ることが就業継続につながるかもしれません。一日のうち、一週間のうちでも必ず意識して休息を取ることを心がけましょう。よりいきいきと仕事をするために、休息に加えて自分が楽しめる余暇の時間も取り入れて、充実したキャリア＆ライフを過ごしていきましょう。

障害者雇用の実態

　2014年12月発表の厚生労働省の「障害者雇用実態調査」（2013年度結果、5年毎の実施）によれば、雇用されている障害者は63万1000人（推計）でした。障害別の雇用者数は身体障害者43万3000人（前回比8万7000人増）、知的障害者15万人（同7万7000人増）、精神障害者4万8000人（同1万9000人増）でした。前回の調査から計18万3000人が増加していることになりますが、一方で正社員の割合や賃金は低下しました。これは週20～30時間で働く短時間勤務（パート勤務）の社員が増加したことによります。正社員の占める割合は、障害別で5.9～18.5ポイント減でした。賃金は月額3万1000円～1万円減となっています。労働者への調査によると、将来の不安については「仕事が続けられるか（身体障害者の60.7％、精神障害者の71.5％）」「老後の生活が維持できるか（身体障害者の63.9％、精神障害者の68.1％）」が挙げられます。仕事に関する相談相手は身体障害者では「家族・親戚52.6％」「職場の同僚・友人44.4％」「職場の上司や人事担当者41.4％」の順ですが、精神障害者では「家族・親戚40.4％」「職場の上司や人事・健康管理担当者37.0％」「医療機関（主治医）28.8％」となっています。

調査結果からみる今後

　この調査結果からは障害者雇用枠で採用される人が大幅に増加していることがわかります。しかし、雇用形態として短時間勤務（パート勤務）が増加し、賃金も低下しているため、仕事の継続と老後の生活の維持に

大多数が不安を持っていることも推察できます。また、仕事に関する相談相手の第1位は身体障害者、精神障害者ともに「家族・親戚」ですが、精神障害者の場合の相談相手は「職場の上司や人事担当者」の他に「健康管理担当者」が登場します。次いで「医療機関（主治医）」となります。

当事者の方々が安心して就業を継続するには、正しい知識のある専門家の支援が必要であると思います。企業内では従業員の健康管理を行う医師（産業医、常時50名以上の従業員を雇用する事業場では選任）を置いています。大企業では産業医、産業保健師が常駐している職場もあります。そして、従業員の健康管理と就業意欲の維持、体調が悪化した場合の休職および復職などのプロセスにおいて、企業の人事担当者と産業医、そして主治医との連携も欠かせなくなるでしょう。

図1 精神障害者の仕事に関する相談相手（複数回答、2つまで）

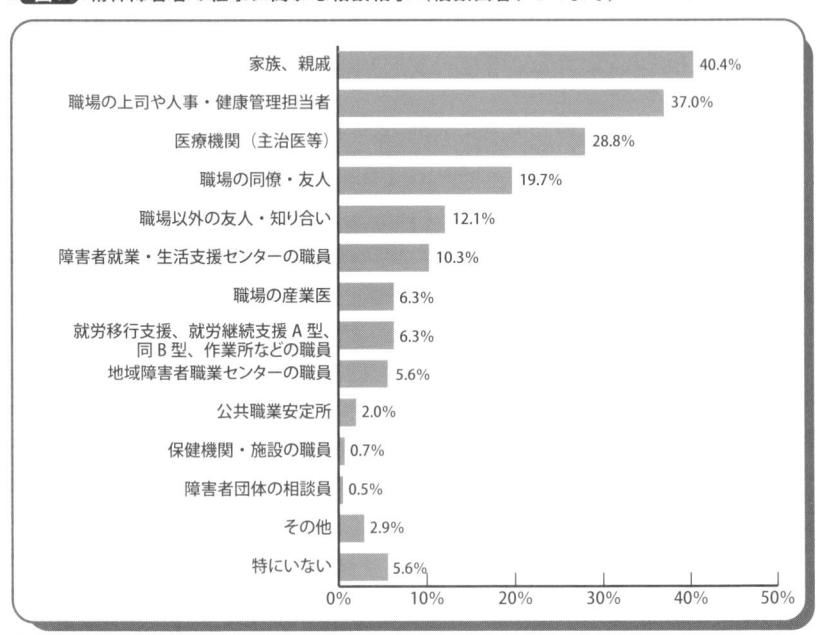

相談相手	割合
家族、親戚	40.4%
職場の上司や人事・健康管理担当者	37.0%
医療機関（主治医等）	28.8%
職場の同僚・友人	19.7%
職場以外の友人・知り合い	12.1%
障害者就業・生活支援センターの職員	10.3%
職場の産業医	6.3%
就労移行支援、就労継続支援A型、同B型、作業所などの職員	6.3%
地域障害者職業センターの職員	5.6%
公共職業安定所	2.0%
保健機関・施設の職員	0.7%
障害者団体の相談員	0.5%
その他	2.9%
特にいない	5.6%

出典：厚生労働省「平成25年度 障害者雇用実態調査」

法改正の影響

　障害者雇用促進法の改正に伴い、2018年4月より精神障害者が法定雇用率の算定基礎の対象となります。この"精神障害者の雇用義務化"と言われる法改正による影響は非常に大きいものと予想されます。2013年4月に障害者法定雇用率が1.8%から2.0%に引き上げられ、2015年4月には障害者雇用納付金制度がこれまでの従業員数200人超の企業から、従業員数100人超の企業へと対象が拡大されました。これにより、対象となる規模の企業はさらなる障害者の雇用促進を求められることになります。障害者雇用率は5年毎に定めることになっています。これまで障害者雇用率を定めるための計算式では、身体障害者と知的障害者の数をベースに雇用率が定められていました。この計算式に精神障害者が含まれると、精神障害者数および精神障害者の求職者数も増加しており、かつてないような急激な引き上げになることが予測されます。そのため、2018年から23年の最初の5年間は"軽減措置"として、本来の計算式で算出した割合よりも低い率で設定することを可能としました。つまり"軽減措置"を行わなければならない程の大きな引き上げであるということです。この雇用率の引き上げを見込み、企業はさらなる障害者雇用に取組むことになりますが、現在就職件数の伸びている精神障害のある人、発達障害のある人の就職がさらに進むものと思われます。

$$法定雇用率 = \frac{身体障害者、知的障害者及び精神障害者である常用労働者の数 + 失業している身体障害者、知的障害者及び精神障害者の数}{常用労働者数 - 除外率相当労働者数 + 失業者数}$$

（追加：精神障害者）

第6章　家族との関わり、社会との関わり

発達障害のある人への注目

　発達障害のある人が数多く活躍する職場や特例子会社が増えています。発達障害のある人の中には、パソコンのスキルがあり、膨大な書類をチェックするなど正確性が求められる業務への適性を持つ人も多いことが知られてきました。事務系の職場で、発達障害のある人を多く雇用しているのは次のような企業です。

　リゾートトラスト株式会社（東京本社事務支援センター）、株式会社トランスコスモス・アシスト、トーマツチャレンジド株式会社、東京海上ビジネスサポート株式会社などいずれも10名以上、他にも株式会社サザビーリーグ（サテライトオフィス）、グリービジネスオペレーションズ株式会社では20名を超える発達障害のある人を雇用しています。

　これらの職場の特徴は発達障害のある人たちを一つの職場で採用し、仕事を進めるうえで不明な点はすぐに質問できるように、社員や支援員を数多く配置していることです。5〜7名に1人の支援員を配置しており、手厚い体制のもと勤務できることは大きな安心につながります。

　著者が相談を受ける発達障害のある人は、大学生を除き、いずれも一般就労の経験のある方々ばかりです。非常に高い能力があり、環境さえ整っていれば活躍できます。また、特別な配慮という配慮もなく、障害者雇用枠で就職が決まる人も多いことを知っています。特に近年は20代ばかりか30代、40代になってから発達障害に気づき、診断を受け、障害者雇用枠で次々に就職していきます。一つの企業で1人2人の採用であれば特に知られることもなく、発達障害のある人の就職は目に見えないところで着々と進んでいるのでしょう。

障害者雇用と社会に望むこと

　実雇用率を見る限り、障害のある人の就職件数は増加しています。身体障害者の雇用が中心であった時代から、特例子会社などで知的障害者の雇用が進み、近年は精神障害者、発達障害者の就職件数が右肩上がりです。このように就職件数が増加したことはうれしいですが、手放しでは喜べません。障害のある方々を採用・育成し、戦力として活躍の場を与える企業がまだ少ないからです。事務アシスタント業務に従事している社員がステップアップを目指したくとも、「前例がない」などの理由で他の業務を経験するチャンスが閉ざされているというのが現実です。場合によっては障害者雇用率を維持するために採用はしたものの、担当してもらう仕事が決まっていないケースや、与える仕事量が極端に少ないなどのケースもあります。そのような数合わせのための採用が長く続くはずもありません。

就職、定着、そして活躍できる職場へ

　発達障害のある人の就職件数が増えるにつれ、いかに定着してもらうかが話題になっていたのは、ほんの少し前のことです。現在では、就職し、実務経験を積んだ当事者の方々がさらに自分を活かせる職場、あるいはもっとやりがいを感じられる職場を目指したいと考えるようになりました。これまでは、発達障害のある方々の就職のみに目を向けてきました。最近では、まだ一部かもしれませんが、発達障害のある人のなかにも、スキルアップや他の部署への異動が望めない職場であると悟った

場合は、自分が求める職場環境や、やりがいを感じられる仕事を求め、転職する人が増えてきました。障害者雇用枠での就労をスタートさせ、実務経験を積み、自分の実力に自信を持ったとき、さらに活躍したいと転職を試みる人は今後さらに多くなっていくのではないでしょうか。

障害のある人のキャリア形成と「将来に望むこと」

　企業は採用した人材を教育・育成していく責任があります。一般の採用であろうとも、障害者雇用枠での採用であろうとも、その点に変わりはありません。企業は個々の特性を理解し、一人ひとりの強みや持ち味を伸ばすキャリア形成支援を行う必要があります。

　一方、社員は自分の進むべき道を明確にし、企業が提供する支援制度などを有効に活用し、成長していかなければなりません。自分の目指すべき目標に向かい、努力することが求められます。特性により何らかの苦手さを持つ人には簡単なことではありませんが、明確な目標とそれを達成するための具体的な手段がわかれば成長していける人は多いと思います。そしてキャリア形成に力を入れる企業が現れたとき、発達障害を持つ人の雇用はさらなるステージへと進むことでしょう。

　著者としては、発達障害のある人がさまざまな能力のアンバランスを持っているとしても、一部の能力が突出していることが知られ、その能力を最大限に活かせる仕事とのマッチングが数多く実現することを願います。仕事の定着にいたらない場合の理由の中には、本人の感覚過敏や体力などによるものもありますが、明らかに特性に合わない仕事を任され、手におえない仕事と明確な指示が得られないことに悩み、仕事を続けられなくなった人は少なくないからです。マッチングの実現のためにも、企業の中に知識と理解のある人が増えることを期待します。

おわりに

　著者のところに相談にみえる方が弊社を知ったきっかけはさまざまですが、書籍を読んで知ったとおっしゃる方は少なくありません。当シリーズが読者の方々の就職と就労の安定につながれば、こんなに嬉しいことはありません。就職するために必要なことは「働きたい」という意欲と、就職活動のための準備です。発達障害のある人はどんな準備をすればよいかがわかりさえすれば、着々と準備を進めることができると確信しています。そして、これまでに次々と就職していく方の姿を見守ってきました。

　現在、就業を開始された多くの方々と引き続き交流を続けていますが、長い職業人生では就職から就労継続へ、そして次のステップアップへとさまざまなステージがあり、ステージに応じていろいろな課題が出てきます。ご要望にお応えしながら、発達障害のある人が安心して働けるようになり、さらに活躍していただくために役立つ本をお届けしたいという想いでメッセージの発信を続けてきました。

　また、長く働き続ける間にはプライベートでもさまざまな問題が発生します。日常生活で困っていてもどこにどのような支援を求めたらよいのか、わからない方も多いと思います。トラブルが発生したときに相談し、支援を依頼できる人や、いざというときに相談できる窓口を持っていればよいのですが、問題が起こってから窓口を探すような場合は時間がかかりすぎてしまい、円滑な解決に結びつかないこともあります。個人的な、いわゆるセーフティネットが構築されていればよいのですが、周囲との交流の少ない方は想定外のことが発生しても、ただ困っている

のが実情かもしれません。将来的に想定外のことが発生するかどうかはわかりません。しかし、万が一のためのリスク管理として、事前に困ったときの相談先を調べ、備えておくことは必要です。医療・福祉の分野に限らず、一般の方々の中にも発達障害を理解する人が増えてきていますので、日頃から相談できる相手を見つけておきましょう。そして安定して働き続けるために、みなさんには仕事以外でもプライベートを充実させて、生活も楽しんでいただきたいと思っています。

　本書がすでに社会に一歩を踏み出し、自分の特性と向かい合いながら工夫を重ねつつ、苦労して就業している発達障害のある人にとって、いざというときの相談先を知り、問題を解決するための一助になればと思います。目の前の問題が解決することにより、安心して活躍し、さらに輝いていただくことにつながれば幸いです。

　最後に、依頼したキャリア＆ライフのテーマで快く執筆してくださった共著者の皆様、コラム執筆に協力してくださった皆様、さまざまな分野で活躍する皆様のおかげで今回も多角的な視点を備えることができました。抽象的なテーマの依頼に対しも120％応えてくださったことに心より感謝の言葉を申し上げます。また、当事者のご家族の皆様には貴重な時間を割いて取材にご協力いただき、心より御礼申し上げます。ご家族の奮闘が将来につながり、さまざまな分野で支援者が増えることを、また、発達障害のある方々がご自分らしく活躍し、キャリアライフとプライベートライフの両方を充実させて過ごされることを願っています。

テスコ・プレミアムサーチ株式会社

石井京子

著者

石井京子（第1章・第6章）
テスコ・プレミアムサーチ株式会社　代表取締役社長
一般社団法人　日本雇用環境整備機構　理事長
上智大学外国語学部英語学科卒業。通信会社、大手人材派遣会社を経て、2008年にテスコ・プレミアムサーチ株式会社を設立。数多くの企業へ障害者雇用に関するコンサルティングサービスを提供するほか、障害や難病を持つ方の就労支援に対応し、発達障害を持つ方の就労に関する原稿執筆やセミナー・講演の講師を務める。

池嶋貫二（第5章）
セットパワード・アソシエイツ合同会社　代表社員
大学卒業後、システムソリューション企業でシステム設計・開発業務などに従事した後、大手人材派遣会社を経て、2009年にセットパワード・アソシエイツ合同会社を設立。障害を持つ方への就労支援を行い、企業に障害者雇用コンサルティングサービスを提供する。2012、2013年に兵庫県障害者雇用促進アドバイザーを務める（障害者しごと体験事業）。

林哲也（第2章・第3章）
さいとうクリニック（精神科）医師
合同会社ライムライト　代表
信州大学医学部卒業。さいとうクリニックでの精神科外来診療の他、自身が代表を務める合同会社ライムライトでは、ヒューマン・コンサルティングサービス（企業のメンタルヘルス相談、大人の発達障害相談、グリーフカウンセリング、医療通訳・翻訳等）を提供している。複数企業の産業医・顧問医、日本薬科大学客員教授も兼任。

水谷美佳（第 4 章）
精神保健福祉士／ 2 級キャリア・コンサルティング技能士／ CDA
株式会社リヴァ　コラボレーター
一般企業勤務後、2007 年より困難を抱える若者（ニート、ひきこもり等）を対象に就労支援を行う。2012 年からは、（株）リヴァにて、うつ病の方を対象に復職・再就職・職場定着支援を行っている。行政機関にて精神障害者就労支援員、日本キャリア開発協会「障害者へのキャリアカウンセリング」東日本研究会座長なども務める。

コラム執筆者（掲載順）

吉川かおり
明星大学人文学部福祉実践学科教授
東京学芸大学大学院修士課程、東洋大学大学院博士後期課程修了。博士（社会福祉学）。障害学の立場から、知的障害や発達障害のある人の家族支援・当事者支援に携わり、ワークショップ・プログラム（『障害のある子どもがいても私らしく活きるための家族支援ワークショップ実施マニュアル』『自分の障害を知る・可能性を見る〜みんなで知る見るプログラム』）の開発を行う。

広野ゆい
NPO 法人発達障害をもつ大人の会（DDAC）代表
青山学院大学文学部卒業。子供時代から、片付けができない、周りに合わせられないなどの特性があり、忘れ物の女王、遅刻の帝王などと呼ばれながら学生時代を過ごす。2002 年に関西ほっとサロン、2008 年「発達障害をもつ大人の会」を立ち上げる。現在は専門職・企業向けのセミナーや、当事者向けの金銭管理、片づけ講座の開催をはじめ、2011 年より当事者の立場でキャリアカウンセリングを行っている。

佐々木美奈子

東京医療保健大学医療保健学部看護学科教授、保健学博士、保健師

東京大学医学部保健学科卒。企業の健康管理センターで産業保健師として勤務した後、1998年に米国シモンズカレッジの産業看護学修士課程を修了。看護学教員として東京大学に勤務した後、2009年より東京医療保健大学に勤務。大学院では看護マネジメント学、学部では地域看護学の教育・研究に従事している。

小林ゆかり

乳児院　里親支援専門相談員

四年制大学卒業後、金融系システム開発企業にシステムエンジニアとして就職。1995年、保育士資格を取得し認可保育園に入職。2004年、社会福祉士資格を取得し、医療機関にて医療ソーシャルワーカーを経て、現職に就く。

編集協力：渡辺彩子

人材紹介のプロと精神科医が答える
産業医と発達障害の人の
キャリア&ライフBOOK

2015（平成27）年7月15日　初版1刷発行

著　者	石井京子・池嶋貫二・林哲也・水谷美佳
発行者	鯉渕友南
発行所	株式会社 弘文堂　101-0062 東京都千代田区神田駿河台1の7
	TEL03(3294)4801　　振替00120-6-53909
	http://www.koubundou.co.jp

ブックデザイン　松村大輔

印　刷　大盛印刷

製　本　井上製本所

© 2015 Kyoko Ishii et al., Printed in Japan.

[JCOPY] <(社)出版者著作権管理機構　委託出版物>
本書の無断複写は著作権法上での例外を除き禁じられています。複写される場合は、そのつど事前に、出版者著作権管理機構（電話 03-3513-6969、FAX 03-3513-6979、e-mail：info@jcopy.or.jp）の許諾を得てください。
また本書を代行業者等の第三者に依頼してスキャンやデジタル化することは、たとえ個人や家庭内での利用であっても一切認められておりません。

ISBN978-4-335-65168-7